Uwe Hofele

Der Dunkelraum als Abenteuerspielplatz der Sinne

Praktische Beispiele zur Wahrnehmungsförderung

verlag modernes lernen - Dortmund

© 1992 verlag modernes lernen, Borgmann KG, D - 44139 Dortmund

2., verb. Aufl. 1995

Herstellung: Löer Druck GmbH, Dortmund

 Bestell-Nr. 1162   ISBN 3-8080-0344-8

Inhaltsverzeichnis

Vorwort

Um den besonderen Bedürfnissen unserer geistig behinderten Schüler im Unterricht gerecht zu werden, richteten wir verschiedene Fachräume ein. Neben dem Matschraum, dem Sandraum, dem Rhythmikraum und dem Schaukelraum steht uns der Dunkelraum zur Verfügung. Das Zimmer ist ca. 25 qm groß, mit Teppichboden ausgelegt und mit schweren Vorhängen völlig zu verdunkeln. Seit nahezu 8 Jahren ist der Dunkelraum wichtiger Bestandteil meiner Arbeit mit den Schülern.

In Gesprächen mit Kollegen, Erziehern und Eltern stelle ich immer wieder fest, daß das Medium Dunkelraum vielen Pädagogen völlig unbekannt ist. Primär die neuen Kollegen stehen oft vor der Frage, was man in einem verdunkelten Raum eigentlich alles tun kann.

So entstand die Idee, mit einem Buch Licht in dieses Dunkel zu bringen. Es soll ein Praxisbuch werden, mit dem man sofort arbeiten kann. Keine langatmigen theoretischen Überlegungen, die sich auf den Bereich Sonderpädagogik begrenzen. Dieses Buch soll einfach mithelfen, möglichst vielen Menschen, die Kinder und Jugendliche erziehen, den Dunkelraum und dessen Möglichkeiten zur Förderung der Wahrnehmungsfähigkeit nahe zu bringen.

Eine Sammlung von Unterrichtseinheiten soll zum Nachmachen und weiterdenken einladen. Ich bin mir sicher, daß nach einiger Zeit der Arbeit mit diesem Buch sehr bald die eigene Phantasie angeregt wird, denn die Möglichkeiten der Förderung im Dunkelraum sind nahezu unbegrenzt.

Schon beim Betreten des Raumes merkt man den Schülern eine freudige Spannung an, die vergleichbar ist mit dem Besuch eines Kinos, Theaters oder Konzertsaales. Der Unterricht selbst ist für alle Beteiligten stets etwas Besonderes, aus dem Alltag Abgesetztes. Selbst das relativ simple Betrachten von Dias oder das Anschauen eines Films unterliegt einer besonderen Atmosphäre, wenn ein separater Raum dafür vorhanden ist. Dieses Buch soll lediglich Mut machen, sich auf Neues einzulassen und den Einstieg in das Medium Dunkelraum erleichtern. Natürlich lohnt es sich, einen eigenen Fachraum dafür einzurichten, wenn die Leerzeiten noch vertretbar sind. Denkbar ist aber auch ein Raum, der zu diesem Zweck umgeräumt und völlig verdunkelt werden kann.

Ich wünsche Ihnen nun viel Freude und Spaß beim Lesen und natürlich vor allem beim Ausprobieren und Experimentieren mit allen Materialien, die die Sinne anregen.

Meinen besonderen Dank möchte ich an dieser Stelle meiner Kollegin Martina Lohr aussprechen, die wesentlich dazu beigetragen hat, daß die Unterrichtsideen kontinuierlich in die Praxis umgesetzt werden konnten.

Einführung

Unsere Sinnesorgane sprechen auf physikalische Reize an: Das Ohr auf Luftschwingungen, Nase und Zunge auf chemische Reize, die Haut auf Druck- und Temperaturreize und schließlich das Auge auf elektromagnetische Wellen eines bestimmten Wellenbereiches. Diese Reize werden in nervöse Erregungen umgesetzt. Wahrnehmungen sind also von den Sinnesorganen gewonnene und im Gehirn verarbeitete Vorstellungen von der Umwelt. Je besser die Sinnesorgane funktionieren, desto besser können wir im Rahmen ihrer Möglichkeiten unsere Umwelt wahrnehmen.

Eine weitere Aufgabe der Sinnesorgane ist das in Gang setzen und kontrollieren von Reflexen und erlernten Reaktionen. Untrennbar mit Wahrnehmungen verbunden sind die Gefühle, (Empfindungen oder Sensationen) die wir dabei empfinden. Um möglichst viele Reize der Umwelt einordnen, vergleichen und beurteilen zu können, müssen Erfahrungen gesammelt werden. Der Wahrnehmungsförderung kommt deshalb eine besonders wichtige Bedeutung zu.

Der Dunkelraum eignet sich in besonderem Maße zur Wahrnehmungsförderung, da in ihm eine nahezu reiz- und ablenkungsfreie Umgebung geschaffen werden kann.

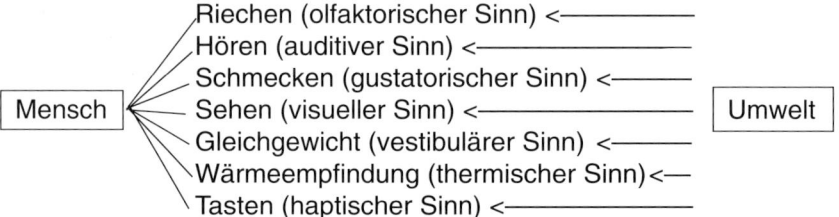

Die Wahrnehmungskanäle sind die Brücke zwischen Mensch und Umwelt.

Wir wissen aus eigener Erfahrung, wie sehr uns ein Licht in absoluter Dunkelheit fast magisch zum Hinsehen zwingt. Das Kind kann, ja muß sich sogar auf das konzentrieren, was ihm angeboten wird.

Der Dunkelraum bietet auf der einen Seite die Möglichkeit, Themen vertiefend oder anbahnend zu bearbeiten und zum anderen die Chance, bestimmte Wahrnehmungskanäle gezielt zu fördern. Sie werden bald feststellen, daß die Motivation und, infolge dessen, auch die Konzentration im Dunkelraum erheblich besser ist als im Klassenzimmer bzw. dem Gruppenraum.

Um die vielen Möglichkeiten im Dunkelraum optimal ausnützen zu können, wird man um die Anschaffung einiger Medien kaum herumkommen. Als Grundausstattung würde ich einen Tageslichtprojektor, einen guten Kassettenrecorder und einen Diaprojektor empfehlen. Später können dann noch Episkop, verschiedene Taschenlampen, Effektprojektor mit selbstdrehenden Bildscheiben, Punktstrahler, Schwarzlichtneonleuchte, Ventilator, Leinwand, Seifenblasenmaschine und manche andere Dinge, die im Fachhandel (z.B. für Discoausstattungen) erhältlich sind, dazukommen. Auch im Eigenbau können sehr nützliche Materialien erstellt werden. Gute Dienste leistet uns in diesem Zusammenhang ein selbstgebauter Leuchttisch, der unter dem Thema „Die Wiese" näher beschrieben wird und sehr leicht zu bauen ist.

Die Faschingszeit und Jahrmärkte sollten in Zukunft Ihre besondere Aufmerksamkeit finden. Sammeln Sie alles was glitzert, pfeift, spiegelt, leuchtet, riecht, dröhnt, fährt, hopst und wackelt. Deponieren kann man diese Schätze in einem Schrank, der am besten gleich im Dunkelraum steht.

Bei den Fachräumen, die gemeinschaftlich genutzt werden, ergibt sich oft das Problem der Betreuung. Deshalb sollte der Dunkelraum so pflegeleicht wie möglich eingerichtet sein. Ratsam ist deshalb die Anschaffung eines Batterie-Ladegerätes mit verschiedenen, wiederaufladbaren Akkubatterien, außerdem Taschenlampen, die in Steckdosen wiederaufladbar sind. Alle Geräte sollten, wenn möglich, im Dunkelraum stationiert und grundsätzlich nicht ausleihbar sein. Es ist einfach ärgerlich, wenn man vor dem Unterricht feststellt, daß die benötigten Medien nicht auffindbar sind. Nach meiner Erfahrung lohnt es sich, teures und qualitativ gutes Material zu kaufen.

Unerklärlich für mich ist, wie viele Materialien jedes Jahr verschwinden. Einziger Schutz wäre, daß alle Medien nur mit Ausleihkarte ausgegeben werden. Dies würde aber zu einer unzumutbaren Belastung von einzelnen Lehrkräften führen. Ratsam ist es dennoch, die Medien zu numerieren und in einer Inventarliste zu führen.

Die nun folgenden Unterrichtsvorschläge sind natürlich jederzeit veränderbar, indem Sie die Stunden zeitlich und inhaltlich reduzieren, erweitern, andere Materialien einsetzen, verbessern oder andere Schwerpunkte setzen.

Sie werden sicher bald die Erfahrung machen, daß weniger mehr ist. Meist reichen ein bis zwei Vorschläge zum Thema, um eine Unterrichtsstunde zu füllen.

Ratsam ist auf jeden Fall, in leicht veränderter Form zu wiederholen.

Sehr bewußt wird in diesem Buch auf eine Formulierung von Unterrichtszielen verzichtet.

Ziele beinhalten all das, was und wozu das Kind lernen soll. Es sind also die gewünschten Verhaltensweisen, die das Kind zeigen soll.

Da die Ziele individuell am einzelnen Kind (Schüler) festgemacht werden müssen, können diese nur vom Pädagogen selbst formuliert werden. Das Betrachten eines Sterns im Dunkelraum zum Beispiel kann für Schüler Michael zum Ziel haben, die Zacken zahlenmäßig zu erfassen, während er für die Schülerin Melanie einen Lichtimpuls darstellt, der sie zum Hinschauen motivieren soll, um aus ihrer Stereotypie herauszukommen.

Oft ist schon der Weg das Ziel.

Auch die methodischen Vorschläge sind jederzeit abwandelbar, um sie exakter auf den einzelnen Schüler abzustimmen.

Der besseren Übersicht wegen wurde jedes Thema auf eine Seite begrenzt.

Meine Adresse:

Uwe Hofele
Am Haldenberg 9
74564 Crailsheim/Ing.

Tel.: 0 79 51/4 28 17

1. Thema: Wir lernen uns kennen

Medien: Cassette mit ruhiger Musik, Taschenlampe, Schnur, Leintuch, Wäscheklammern, Lampe oder Tageslichtprojektor, Verkleidungsmaterial, 1 mtr breites Papier, dicker Filzstift, Liedblatt, Cassettenrecorder

Ablauf:
- Stuhlkreis bei ruhiger Musik.
- Der Raum wird verdunkelt - die Musik wird leiser.
- Der Pädagoge leuchtet mit der Taschenlampe jeden Schüler einzeln an. Er beginnt bei den Füßen und endet am Kopf (nicht zu lange ins Gesicht leuchten).
- Zu jedem Schüler deutlich den Namen nennen.
- Wir spielen: „Mein rechter Platz ist leer", indem ein Schüler einen anderen mit der Taschenlampe anstrahlt und den Namen nennt.
- Wir spannen eine Schnur, hängen ein Leintuch mit Wäscheklammern auf und stellen eine Stehlampe dahinter.
- Bei völliger Dunkelheit holt sich der Pädagoge einen Schüler und stellt ihn hinter das Leintuch. Die anderen Schüler versuchen den Namen zu finden (evtl. verkleiden).
- Ein Stuhl wird möglichst nahe an die Wand geschoben, an welche ein Papier geheftet ist. In einiger Entfernung wird eine Lichtquelle aufgestellt. Auf dem Stuhl darf nun ein Kind platznehmen. Bei eingeschaltetem Licht zeichnen sich nun die Umrisse des Kopfes auf dem Papier ab. Diese Konturen können vom Lehrer/Schüler abgezeichnet werden.
- Es besteht auch die Möglichkeit, den Schüler hinter die Leinwand zu setzen und davor ein Papier zu hängen.

- Abschluß: Wir singen das Lied „Ich bin froh" und leuchten dabei jeden Schüler noch einmal an.

ICH BIN FROH

(T + M. Uli Fischer)

[musical notation with lyrics:]

Wir sitzen hier zu-sammen und schau-en uns jetzt an ob je-der von uns da ist und mit uns sin-gen kann:

Ich bin froh ich bin froh, XX (ihr seid alle da), du bist da, ich bin froh, ich bin froh, XX (ihr seid alle c da) du bist da.

2. Vers

Wir sitzen hier zusammen und schauen uns jetzt an,
doch jedem, der noch krank ist, dies Lied ja helfen kann:

Refrain:

Ja ich denk' an dich
XX werd' gesund,
ja ich denk' an dich,
XX werd' gesund!

2. Thema: Die Blume

Medien: Overheadprojektor, Faserstifte, Blumen, Schere, Malpapier
ca. 1 m breit (Abfälle von Druckereien), Leinwand, Schachtel,
Tesakrepp, versch. and. Pflanzen, versch. kleinere Gegenstände.

Ablauf:
– Die Kinder sitzen im Halbkreis vor der Leinwand. Dazwischen steht
  der Projektor.
– Eine größere Blume (Tulpe, Margarite, Iris, Nelke) wird bei guter Beleuchtung den Kindern gezeigt. Besonders hingewiesen wird auf Blü-
  te, Blatt und Stengel.
– Der Lehrer zerschneidet die Blume in diese Einzelteile und verteilt sie
  wahllos auf der Overheadplatte.
– Licht aus, Projektor ein. Die Kinder sollen die Blume zusammensetzen.

– Ein großes Malpapier wird über die Leinwand gehängt. Eine Blume
  wird auf den Overhead gelegt.
– Die Kinder sollen auf dem Papier die Konturen mit Faserstiften nach-
  fahren, evtl. später ausmalen.
– Kleinere Blumen mit Gegenständen mischen und sortieren lassen.
– Kleine Blumen mit anderen Pflanzen (Blätter, Äste, Gräser, Früchte
  u.s.w.) mischen und sortieren lassen.

– Die Kinder dürfen einzeln eine Blume aus der Schachtel nehmen und auf dem Overheadprojektor eine Blumenwiese kreieren.

3. Thema: Sterne

Medien: 3 Sternenausstecherle in den Formen des Anlageblattes, sonstige Ausstecherle, Anlageblatt „Sterne", Anlageblatt „Landschaft", DIN A 4 Folie, wasserfester Stift, Sternglitter, Wunderkerzen, Feuersteinrätsche aus Spielzeugladen (Sonnenrad)

Ablauf:
- Die Schüler sitzen im Halbkreis vor der Leinwand. Dazwischen steht der Overheadprojektor.
- Das Blatt mit den ausgeschnittenen Sternen wird aufgelegt. Die Schüler sollen die Form benennen und zeigen.
- Das Blatt wegnehmen und viele Ausstecherformen (incl. Sterne) auflegen. Die Schüler sollen alle Formen wegnehmen, welche keine Sterne sind.
- Die 3 Sterne nach Größen sortieren lassen.
- Sternenblatt auflegen. Die Schüler sollen die passenden Ausstecher auf die Schablone legen.
- Folie auflegen. Wer kann einen Stern malen? Freihändig oder mit einer Pappschablone. Alle Möglichkeiten zulassen.

- Auflegen einer Folie mit einer Landschaft. Die Schüler sollen entweder Sternenglitter aufstreuen oder selbst mit wasserfestem gelben Stift kleine Sterne aufmalen.

- Abschluß der Stunde könnte das Anzünden einer Wunderkerze oder das Spielen mit einem Sonnenrad sein.

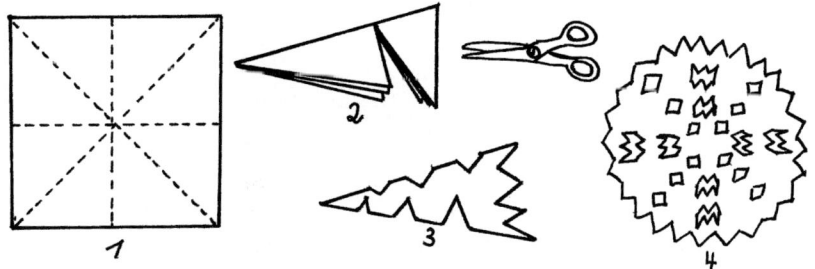

- Selbstgebastelte Sterne sehen an der Leinwand toll aus.

– Sterne auf DIN A4 vergrößern und ausschneiden oder auf Folie
kopieren.

4. Thema: Die Wiese

Medien: Dias, Wiesenpflanzen, Wiesenkleintiere, Löwenzahn, Lichtnelke, Glasschale, Wasser

Ablauf:
– Dias von einer Wiese anschauen. Wenn möglich, entfernte und nahe Bilder. Möglich wäre auch die Wiese im Wechsel der Jahreszeiten zu betrachten.
– Einzelne Pflanzen auf dem Leuchttisch betrachten und benennen.

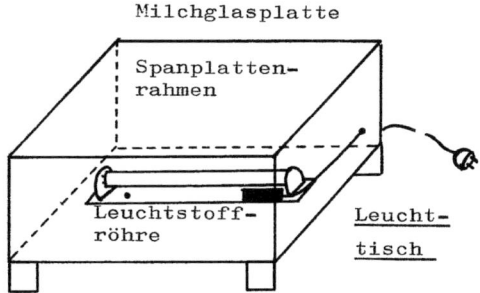

– Wenn die wichtigsten Bezeichnungen für die Pflanzen gefestigt sind, kann die Übung auf dem Tageslichtprojektor mit abdeckendem Karton wiederholt werden.

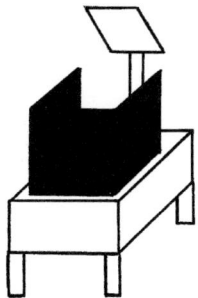

– Fotokopierte Folie vom Leben auf und im Wiesenboden gemeinsam an der Leinwand anschauen (Suchspiel).
– Experimente: Stuhlkreis um einen kleinen niedrigen Tisch. In eine Glasschale mit Wasser werden Löwenzahnblüten gelegt, dessen Stengel von den Schülern aufgeschlitzt wurden.

Geschlossene Lichtnelke ins Wasser stellen und zuschauen, wie sie sich öffnet.

– Wiesenblumen auf dem Boden verstreuen. Mit kleiner Lampe oder Punktstrahler anleuchten. Nach Arten sortieren lassen.

– Wiesentiere auf dem Leuchttisch krabbeln lassen. Beobachten und benennen.

– Die Tiere können auch auf die Overheadplatte direkt oder in einer Glasschale gezeigt werden. Es eignen sich Kellerasseln, Grillen, Heupferd, Wurm, Käfer, Tausendfüßler, Schnecken, Ameisen, Raupe und Spinne.

– Wir betrachten tote Insekten, die wir lebend kaum in Ruhe anschauen können, z.b. Biene, Wespe, Schmetterling, Fliege. (Viel findet man gewöhnlich neben Dachbodenfenstern.)

– Wer traut sich, einen Wurm, Käfer u.s.w. anzufassen? Wie fühlt er sich an? Kann er mir schaden? Wozu ist er wichtig für die Natur?

– Wir setzen gemeinsam die lebenden Tiere in der Freiheit wieder aus.

5. Thema: Wir spielen mit Blechdosen

a) Medien: Blechdosen ohne Papier in gleichen und verschiedenen Größen, Sack oder Karton, Teelicht, Streichhölzer, Tennisball, Taschenlampe, Punktstrahler, Brett.

Ablauf:

– Die Schüler sitzen im Kreis. Der Lehrer geht zu jedem Schüler und raschelt mit den Dosen im Sack. Was ist das?

– Der Lehrer leert den Sack in der Kreismitte aus und rollt jedem Schüler eine Dose zu.

– Die Schüler sollen ihre Dose zum Lehrer zurückrollen.

– Die Schüler sollen versuchen, sich gegenseitig eine Dose zuzurollen.

– Sechs Dosen gleicher Größe befinden sich in der Kreismitte. Die Schüler sollen versuchen, einzeln in der Mitte einen Turm zu bauen. Je nach individuellen Fähigkeiten werden mehr oder weniger Dosen verwendet. Als Krönung kann auf der obersten Dose eine Kerze oder Wunderkerze angezündet werden.

Vorsicht: Alle Dosen entgraten

– Beleuchtet wird nur die Kreismitte.

– Mehrere Dosen von verschiedenen Größen befinden sich in der Kreismitte. Die Schüler sollen einzeln versuchen, die Dosen ineinander zu stellen.

– Die Schüler sollen versuchen, dieselben Dosen der Größe nach zu ordnen.

– Platzwechsel. Die Schüler sitzen in einer Reihe.

– Das Ende eines Brettes auf einer Stuhlsitzfläche auflegen.

– Die Schüler sollen versuchen, eine Dose das ganze Brett hinunterrollen zu lassen. Ein Schüler verfolgt die Dose mit der Taschenlampe.

– Wessen Dose rollt am weitesten?

– Abschluß: Gelochte Dosen (Dose auf einen Holzpfahl stecken und Nagel einschlagen) als Laternen übereinander stellen. Anschauen und zur Ruhe kommen. Musik?

b) Medien: Blechdosen aller Art, Tennisball, Glasmurmel, kleiner Tisch.

Ablauf:
- Freispiel mit den Blechdosen.
- Die Schüler sollen auf einem Tisch einen Dosenturm aufbauen.
- Turm mit dem Punktstrahler beleuchten.
- Die Schüler dürfen den Turm mit einem (mehreren) Tennisbällen bewerfen.
- Auf dem Turm die oberste Dose umdrehen, oder nur eine (mehrere) Dosen mit der Öffnung nach oben hinstellen.
- Die Schüler versuchen, einen leichten Schaumstoffball oder andere geeignete Gegenstände in die Dosen zu werfen, ohne daß sie umfallen.
- Spiel im Tischkreis: Zwei (später mehrere Dosen) mit der Öffnung nach unten auf den Tisch stellen. Unter eine Dose eine Glasmurmel legen. Die Dosen verschieben. Wo ist sie?
- Die Schüler selbst spielen lassen.
- Abschluß: Selbsthergestellte Kerzenuntersetzer aus Blechdosen im Dunkelraum ausprobieren.

Gut eignen sich Getränkedosen. Diese werden mit der Blechschere in Streifen geschnitten. Die einzelnen Streifen mit einem Bleistift einrollen.

oder
Wir spielen mit der selbstgebastelten Wunderdose. Die Schüler rollen die Dose weg - sie kommt zurück. Die Dose an einer leichten Schräge auf einem Brett ansetzen - sie rollt hinauf. Mit Taschenlampe verfolgen.

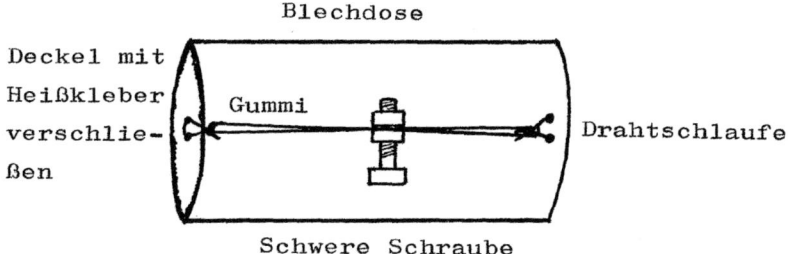

Blechdose

Deckel mit Heißkleber verschließen

Gummi

Drahtschlaufe

Schwere Schraube

6. Thema: Geräusche mit Blechdosen

Medien: Blechdosen in verschiedenen Größen, Klöppel, Dosenmarionette, evtl. Liedblatt oder Gitarre

Ablauf:
- Die Kinder sitzen im Kreis auf dem Boden. Das Licht ist an.
- Den Kindern werden verschiedene Dosen zum Freispiel überlassen.
- Der Pädagoge regt zum Trommeln an.
- Der Pädagoge gibt einen einfachen Takt vor, die Kinder versuchen nachzuspielen.
- Besser geht's mit einem Klöppel. Diese werden an die Kinder verteilt. Freispiel.
- Der Dosenroboter stellt sich vor. Licht aus, Kollege/Kind o.a. strahlt die Marionette mit einer Taschenlampe an.
- Der Roboter hüpft einen Takt vor, die Kinder versuchen, es nachzuspielen.
- Alle Klöppel abgeben, nur einer spielt den vorgegebenen Takt nach.
- Das einzelne Kind soll die Dosen nach Größen sortieren.
- Dosenreihe beklopfen - Unterschiede heraushören - evtl. einfache Melodie spielen.
- Mehrere Kinder sollen versuchen, gemeinsam einen Takt oder Melodie zu spielen.
- Spiel: Ein Kind beklopft eine Dose hinter einem Sichtschutz. Wer von den anderen Kindern findet durch Ausprobieren die gleiche Dose?

- Nacht. Ein Kind stellt sich mit Klöppel und Dose in eine Ecke. Während es klopft, suchen es die anderen Kinder.

– Abschluß: Wir singen das „Kindermutmachlied". Die Kinder spielen mit ihren Dosen zum Refrain.

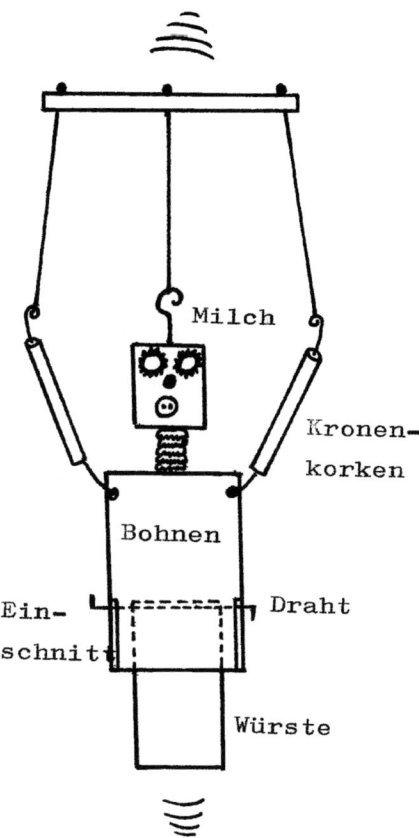

7. Thema: Meine Hände

a) Medien: Taschenlampe, Creme, Fingerhandschuh, Ring(e), Tageslichtprojektor, Fausthandschuh

Ablauf:

– Die Kinder sitzen im Stuhlkreis. Der Raum wird verdunkelt.

– Der Pädagoge schaltet die Taschenlampe ein und beleuchtet damit den Raum (Boden, Wände, Decke), um dann bei seiner eigenen Hand innezuhalten.

– Jedem Kind werden nun die Hände beleuchtet und dazu der Name genannt.

– Jedes Kind darf sich einen Ring an einen bestimmten Finger (z.B. Ringfinger der rechten Hand) stecken.

– Jedes Kind darf sich etwas Creme aus einer Büchse nehmen und seine Hände eincremen. Manchen Kindern muß die Hand eingecremt werden.

– Wir riechen an unseren Händen.

– Wer kann sich einen Fausthandschuh / Fingerhandschuh bei schwachem Licht selbst anziehen?

Manchen Kindern wird mehr oder weniger geholfen werden müssen.

– Das Kind zieht den Handschuh wieder aus und gibt ihn an seinen Nachbarn weiter.

– Jedem Kind wird nun ein Fingernagel lackiert.

– Wir öffnen den Stuhlkreis so, daß alle Kinder auf die Leinwand schauen können.

– Einschalten des Tageslichtprojektors.

– Jedes Kind darf seine Hände auf den Tageslichtprojektor legen und bewegen.

– Wir bilden wieder einen Kreis und singen / spielen zum Abschluß das Lied: „Meine beiden Hände ...".

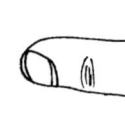

Text: Marina Palmen   Musik: Ludger Edelkötter

Mei - ne bei - den Hän - de mit zehn Fin - gern dran,

kön - nen Bil - der ma - lon, schaut es euch mal an:

kön - nen ma - len, schaut es euch mal an.

2. Meine beiden Hände
   mit zehn Fingern dran,
   können Schleifen binden,
   schaut es euch mal an:
   |: können binden
   schaut es euch mal an. :|

3. Meine beiden Hände
   mit zehn Fingern dran,
   können Türen öffnen,
   schaut es euch mal an:
   |: können öffnen,
   schaut es euch mal an. :|

4. Meine beiden Hände
   mit zehn Fingern dran,
   können euch begrüßen,
   schaut es euch mal an:
   |: können grüßen,
   schaut es euch mal an. :|

*Aus: Marina Palmen/Ludger Edelkötter:
Hallo, Du im Nachbarhaus (Spiellieder),
Bergmoser + Höller Verlag, Aachen 1983*

b) Umgang mit Gegenständen

Medien: Stehlampe (evtl. vom Sperrmüll), verschiedene Mützen, 2 Schüsseln mit warmem und kaltem Wasser, diverse Gegenstände, Eßbares, kleine Spiegel, Handtuch

Ablauf:
– Die Kinder sitzen im Kreis. Eine Stehlampe sorgt für das nötige Licht.
– Die Kinder sollen nun ihnen bekannte Gegenstände erfühlen und benennen. Dabei besteht die Möglichkeit, den Kindern einzeln die Augen zu verbinden, eine Maske aufzusetzen oder den Raum zu verdunkeln und den Gegenstand dann mit der Taschenlampe oder der Stehlampe zu beleuchten. Der Gegenstand kann auch in einer Schachtel betastet werden.
– Die Kinder bekommen etwas zu essen in die Hand. Dies können z.B. Gummibärchen, Smarties, kleine Schokolade, Obststückchen, Brotstückchen, versch. Beeren u.s.w. sein.

27

- Die Kinder versuchen, die eßbaren Gegenstände zu benennen, bevor sie sie verspeisen dürfen.
- Die Kinder halten ihre Hände abwechselnd in warmes und kaltes Wasser. Welche Schüssel enthält das warme/kalte Wasser?
- Beide Hände gleichzeitig in beide Schüsseln tauchen.
- Beide Schüsseln zusammenschütten und das Wasser wieder verteilen. Wie fühlt es sich jetzt an?
- Stehlampe, Punktstrahler oder andere Lichtquelle wird eingeschaltet.
- Der Pädagoge fängt das Licht mit einem kleinen Spiegel ein und spielt mit dem Lichtstrahl.
- An die Kinder werden Spiegel verteilt. Jeder darf experimentieren.
- Die Kinder sollen versuchen, einen Gegenstand, der im Raum steht oder hängt, anzustrahlen. Der Gegenstand sollte das Licht reflektieren (z.B. zerknitterte Alufolie, 2 zusammengeklebte Fahrradreflektoren, Faschingsartikel o.ä.)
- Zwei Lichtpunkte sollen sich gegenseitig fangen.
- Alle spiegeln in die Richtung, die einer vorgibt.

c) Die Kerze

Medien: Streichhölzer, Kerzen, Tisch, Wabensteine, Laternchen, Wunderkerzen, Kerzenlöscher, Blumentopf mit Sand

Ablauf:
- Die Kinder sitzen bei Licht um einen kleinen Tisch.
- In der Mitte des Tisches steht eine Kerze, die von jedem Kind angezündet und wieder ausgeblasen werden kann.
- Wenn die Kerze brennt, wird der Raum kurz verdunkelt.
- Die brennende Kerze wird im Kreis von Hand zu Hand weitergereicht, ohne daß sie ausgeht (Vorsicht Wachs).
- Die Kerze auf den Tisch stellen und mit der Hand die Wärme spüren.
- Die Kinder dürfen nacheinander an dieser Kerze eine Wunderkerze anzünden und diese in einen Blumentopf mit Sand stecken.

– Jedes Kind darf sich ein eigenes Teelicht an der Kerze anzünden. Alle werden auf den Tisch gestellt.

– Jeder stülpt sein selbstgebasteltes Laternchen darüber.

– Verdunkeln - evtl. leise Musik - anschauen - ausblasen.

- Milchdose oben und unten offen
- Löcher mit Nägeln
- Buntes Transparentpapier außen

– Jedes Kind darf einen Wabenstein (24 x 11,5) auf einem kleinen Tisch so plazieren wie es will.

– Jedes Kind zündet sich ein Teelicht an und stellt es irgendwo auf/in das Gebilde.

– Verdunkeln - betrachten - Gespräche.

– Jedes Kind löscht seine Kerze mit einem Kerzenauslöscher.

d) *Jeder einzelne Punkt kann eine separate Unterrichtseinheit sein*

Medien: Leintuch, Schnur, Wäscheklammern, Folie, wasserfester Stift, Bilder, Stempelkissen

Ablauf:

– Mit einer Schnur wird der Raum halbiert. Ein Leintuch wird darüber gehängt und mit Wäscheklammern befestigt. Der Tageslichtprojektor wird dahinter gestellt.

– Je zwei Kinder zeigen hinter dem Leintuch, was Hände alles können. Z.B. streicheln, hauen, klatschen, winken, grüßen, beten, malen, wer-

29

fen, greifen, geben, helfen, tragen, sich drehen, boxen, dirigieren, etwas aufheben, abzählen u.s.w.

– Schattenbilder können mit den Händen geformt werden. Die Kinder erraten, was nachgemacht wird.

– Die Kinder legen eine Hand auf eine Folie, die auf dem Tageslichtprojektor liegt. Ein anderes Kind umfährt die Hand mit einem wasserfesten Stift. Wer erkennt später seine Hand wieder? Fensterbilder?

– Hände können Beziehungen schaffen, geschickt sein, helfen u.s.w. Verschiedene Bilder werden aus Zeitungen und Zeitschriften ausgeschnitten und auf Folie abfotokopiert. Im Dunkelraum dienen sie als Grundlage für Gespräche.

– Mit Stempelkissen oder Linoldruckfarbe können Fingerabdrücke auf Folien gemacht werden. Mit Hilfe von wasserfesten Stiften können Bilder entstehen. Mit dem Tageslichtprojektor anschauen.

– Jedes Kind kann seinen Fingerabdruck auf ein Glasdia drücken.

8. Thema: Snoezelen (schnüffeln und dösen) Naturbilder

Anmerkung: Ein Appell an alle Sinne, ohne ein spezifisches Ziel erreichen zu wollen. Die Kinder/Jugendlichen sollen einfach elementare Erfahrungen sammeln.

a) Medien: Diaprojektor, Tageslichtprojektor, Bilder auf Folien, Dias, Meditationsmusik, Blumenstrauß, Vogelstimmen auf Cassette, Leuchttisch, Ventilator, Gerüche, Teppiche, Kissen, evtl. Effektprojektor, 2. Leinwand, zwei Kassettenrecorder.

Ablauf:

– Die Kinder sitzen/liegen auf Teppichen und Kissen. Der Diaprojektor zeigt auf die Leinwand, der Tageslichtprojektor zeigt auf die zweite Leinwand. Der Blumenstrauß steht auf dem Leuchttisch.

Der Effektprojektor wird so gestellt, daß er nahtlos über die Dias projiziert.

– Der Raum wird verdunkelt. Nur Vogelstimmen sind zu hören.

– Jeder Effekt sollte einige Minuten wirken.

– Leise mischt sich Meditationsmusik dazu, die mit der Zeit die Vogelstimmen verdrängt.

– Der Leuchttisch beleuchtet einen Sommerblumenstrauß.

– Tisch aus. Wir zeigen ein Dia mit Naturaufnahmen (z.B. eine Wiese).

– Der Effektprojektor simuliert vorbeiziehende Wolken über den Dias.

– Ein passender Geruch (z.B. Fichtennadeln) wird auf einen Wattebausch gegeben und vor einen laufenden Ventilator gehalten.

– Dias aus. Der Tageslichtprojektor zeigt ein Wald- oder Wiesentier.

– Die Durchgänge können beliebig wiederholt werden. Ein zweiter Pädagoge verhindert ein hektisches Treiben des Einzelnen.

– Abschluß: Der Leuchttisch beleuchtet den Blumenstrauß bei Meditationsmusik.

– Musik wird leiser, Vogelstimmen dominieren zunehmend.

– Dunkel. Nur noch die Vogelstimmen sind zu hören.

b) Medien: Beruhigende Musik auf Kassette, Doppelglasdias, Glasmalfarben, Klebstoff, Diaprojektor, Seifenblasen, feine Filzstifte
(transparent, wasserfest), Wasser, Ölfarbe, durchsichtige
Kunststoffverpackung von einem Fertigtortenboden.

Ablauf:

– Die Kinder sitzen mit dem Blick zur Leinwand.

– Der Raum wird verdunkelt. Leise Musik ist zu hören.

– Der Pädagoge öffnet eine Doppelglasdia und gibt 2 - 3 verschiedene
Glasmalfarben hinein. Dazu kommt etwas Klebstoff. Das Dia wird
geschlossen und im Projektor gezeigt.

Effekt: Durch die Wärmeentwicklung des Dias fließen die Farben sehr
schön einige Zeit um- und ineinander.

– Das Dia wird nach Verfestigung der Farben entfernt.

– In den Lichtschein des Projektors werden parfümierte Seifenblasen
geblasen (wir haben dafür eine Seifenblasenmaschine). Die Schatten
der Blasen sind zusätzlich auf der Leinwand zu sehen.

– Je 2 - 3 Schüler sitzen um einen kleinen Tisch (evtl. Leuchttisch) und
bemalen ein Dia mit feinen Faserstiften völlig frei, nach eigenen Vorstellungen.

Namen dazuschreiben.

– Wir betrachten die Dias. Wer erkennt sein Bild?

– Abschluß: Auf den Tageslichtprojektor wird eine Plastikform eines Tor-
tenbodens gelegt und mit Wasser gefüllt. Pädagoge oder Kind tropft
nun Ölfarbe ins Wasser. Es bilden sich nun Muster, die auf der Leinwand zu sehen sind und bewegt werden können.

Das Muster kann mit einem Papier abgezogen werden. Marmo-
riertechnik.

9. Thema: Peter und der Wolf von Sergej Prokofjew

Anmerkung: (Die Handlung und die Musik wurden bereits ausgiebig im Unterricht behandelt. Literatur: Bilderbuch „Peter und der Wolf", Berlin 1990[12].)

Medien: Verschiedene vorbereitete Folien, Zeigestock, wasserlöslicher Stift, Lappen, Faserstifte, 1 mtr. br. Papier.

Ablauf:

– Die Kinder sitzen im abgedunkelten Raum mit dem Gesicht zur Leinwand.

– Der Pädagoge legt eine vorbereitete Folie auf den Tageslichtprojektor. Peter hat die Möglichkeit, auf 3 Wegen zum Wolf, zur Ente oder zur Katze zu kommen. Welcher Weg führt wohin? Die Kinder fahren mit einem Zeigestock die Wege an der Leinwand ab.

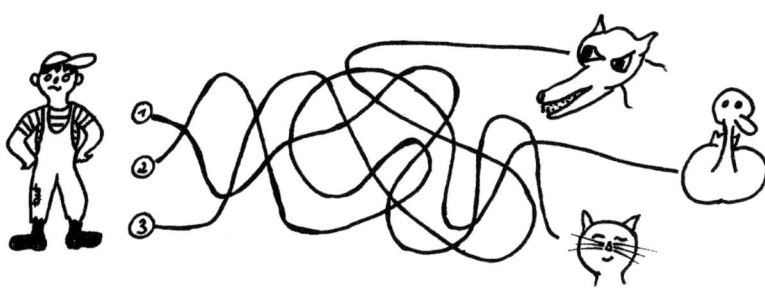

– Der Pädagoge legt eine Folie mit Peters Gesicht auf. Es fehlt der Mund. Die Kinder malen mit einem wasserlöslichen Stift den Mund dazu. Peter war traurig, fröhlich, besorgt.

10. Thema: Bilder aus dem Dunkelraum - Fotogramme

Medien: Gelbgrüne Dunkelkammerbirne, Fotokarten, Entwickler, Wasser, Fixierflüssigkeit, Zange, versch. Utensilien, Tischlampe, 3 Plastikschüsseln, Plastikfolie, Schnur, Wäscheklammern

Ablauf:

− Die Kinder sitzen um einen Tisch, auf dem vielerlei Gegenstände ausgebreitet sind, z.B. Schrauben, Knöpfe, Sternenglitter, Ringe, Streichhölzer, Kämme, Büroklammern, Schlüssel, Trockenblumen, ausgeschnittene Figuren u.s.w.

− Auf einem anderen Tisch, der mit einer Plastikfolie abgedeckt ist, stehen 3 Schüsseln nebeneinander.

1. Schüssel = Entwickler

2. Schüssel = Leitungswasser

3. Schüssel = Fixierbad

− Der Raum wird nun nur mit der Dunkelkammerbirne beleuchtet.

− Die Kinder müssen darauf hingewiesen werden, nicht in die Bäder zu greifen und nichts an die Kleidung zu bringen.

− Ein Fotopapier wird nun mit der Glanzseite nach oben unter die Tischlampe gelegt, welche auf dem Tisch mit den Utensilien steht. Der erste Schüler darf nun nach eigener Wahl Gegenstände auf die Karte legen.

- Nun wird die Lampe kurz eingeschaltet.

- Der Schüler legt nun mit einer Gurkenzange die Karte in die Entwicklerflüssigkeit bis sein Bild auftaucht.

- Das Bild wird nun ins Wasserbad gelegt.

- Jetzt wird das Bild 5 Minuten in das Fixierbad gelegt. Es ist ratsam, die Zange zu wechseln.

- Zum Schluß wird das Bild unter fließendem Wasser abgespült und zum Trocknen ca. 1/2 Stunde mit Wäscheklammern auf die Schnur gehängt.

- Nach Abschluß der Stunde werden die Bäder in Dosen zurückgeschüttet.

- Die Karten können als Postkarten oder gerahmte Bilder verwendet werden.

11. Thema: Farben (rot, gelb, grün, blau)

Anmerkung: Diese Auflistung der Lernmöglichkeiten ist eine Zusammenfassung mehrerer Unterrichtseinheiten.

a) Medien: Taschenlampe, Doppelglasdias, Diaprojektor, Chiffontücher, Glaskugeln, Kerzen, Luftballons, versch.-farbige Gegenstände, bunte Laternen, Streichhölzer (evtl. große für Kaminfeuer), Glasfarben, Folien.

Ablauf:

– Die Kinder sitzen im Halbkreis zur Leinwand. Licht aus - Taschenlampe ein.

– Wir schauen uns zusammen versch. farbige Dias an, die mit Transparentpapier belegt sind. Die Kinder nennen die Farben.

– Der Pädagoge leuchtet unter die Hände der Kinder. Ein schönes Rot wird sichtbar.

– Wir schauen uns Dias an, in denen mehrere Farben mit Transparentpapier eingelegt wurden.

– Versch. Gegenstände werden von den Kindern mit Bezeichnung und Farbe angeleuchtet.

– An einem Ast aufgehängte Glaskugeln dürfen von den Kindern angeleuchtet und nach Farben benannt werden.

– Die Kinder schauen sich Dias von einfarbigen Gegenständen an (z.B. Gummistiefel, Blatt, Auto, Schüssel, Kleidung, Gießkanne u.s.w.).

– Die Kinder dürfen Kerzen in den Grundfarben benennen und dann selbst anzünden. (Wir stellten die Kerzen in eine Hügellandschaft aus Alufolie.)

– Die Kinder lassen, auf dem Stuhl stehend, farbige Chiffontücher zu Boden schweben (winken, aus Pappröhre ziehen). Ein anderes Kind verfolgt das Tuch mit der Taschenlampe.

– Versch. farbige Luftballons ...

• werden angestoßen und angeleuchtet

• werden nach Farbbezeichnung mit einer Nadel zum Platzen gebracht

• werden in Wettspielen mit dem Mund oder Luftpumpe aufgeblasen (rot gegen gelb) bis sie platzen.

b) Medien: Lichterkette, farbige Birnen, Glasmalfarben, Folie, Gräser, Handschuh, Diaserie, Granulatscheiben

Ablauf:

- Die Kinder sitzen in einer Reihe in dem nur schwach beleuchteten Raum.
- Vor den Kindern hängt eine Lichterkette ohne Birnen. Zur Not würde auch eine einfache Tischlampe gehen.
- Die Kinder holen sich nun einzeln eine farbige Birne aus einer Schachtel und schrauben sie in die Lichterkette, bis sie brennt.

Vorher werden die Kinder auf evtl. Gefahren hingewiesen.

- Das Kind nennt nun die Farbe.
- Die Kinder können die Birnen mit einem Handschuh wieder herausdrehen.
- Die Kinder dürfen ihre selbstgebastelten Schmelzgranulatscheiben auf den Tageslichtprojektor legen und anschauen.
- Der Pädagoge zeigt das Bilderbuch „Das kleine Blau" als Diaserie. Die Bilder sind leicht mit Transparentpapier in Doppeldias nachzubasteln.
- Wir malen ein gemeinsames Bild mit Glasmalfarben auf Folie. Jedes Kind malt etwas auf die Folie, welche auf dem Leuchttisch liegt.
- Wir schauen uns unser Werk mit dem Tageslichtprojektor an.
- Jeder darf jetzt noch einen Grashalm darauflegen.

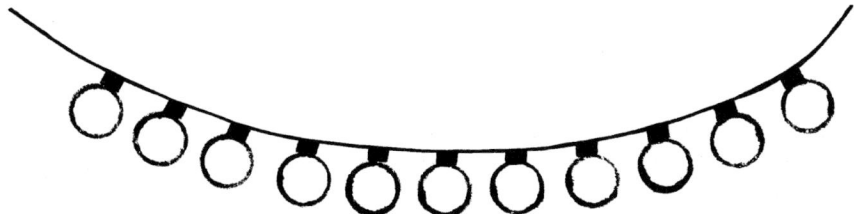

12. Thema: Das Auto

a) Medien: Pappschablonen, Cassette, Recorder, Spielautos, Brett, Taschenlampe, Leintuch, Schnur, Klammern, vorbereitete Folie, Filzstifte, Auto auf Stab

Ablauf:
– Die Kinder bilden eine Stuhlreihe mit Blick zur Leinwand.

– Ein Kind darf sich immer hinter den Tageslichtprojektor setzen und „Vorführer" spielen. Es nimmt eine Autoschablone aus einer Schachtel und legt/schiebt sie auf/über die Glasplatte. Die anderen raten, um was für ein Fahrzeug es sich handelt. Wer es errät, darf den Platz des „Vorführers" einnehmen.

– Die Kinder dürfen einzeln auf der Glasplatte des Tageslichtprojektors ein zerschnittenes Auto als Puzzle zusammensetzen.

– Wir hören verschiedene Geräusche, die man am Auto erzeugen kann, von einer Cassette und raten, um was es sich handelt. Möglichkeiten sind: Motor, Blinker, Radio, Tür zuschlagen, Hupe, Scheibenwischer, Gebläse, Handbremse u.a.

Evtl. kann man Dias machen, die nach jedem Geräusch gezeigt werden.

– Wir lassen Spielautos eine Rampe (Stuhl, Brett) hinunter fahren. Ein Kind verfolgt sie mit der Taschenlampe. Wer hat das schnellste Auto?

– Hinter einem (über eine Schnur gelegt und festgeklammert) Leintuch wird der Tageslichtprojektor eingeschaltet und eine vorbereitete Folie aufgelegt. Die Folie zeigt eine Straße, auf der die Kinder mit einem Pappauto entlangfahren sollen, ohne möglichst aus der Spur zu kommen.

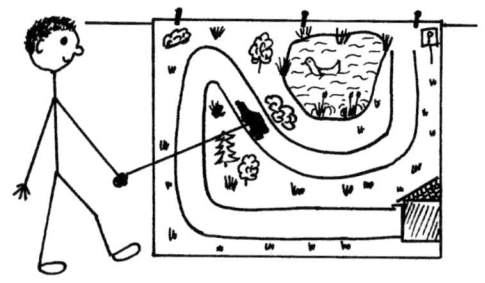

b) Medien: Selbstfahrendes Spielauto, eine alte Dachrinne, kleines Spielzeugauto, vorbereitete Folie, wasserlöslicher Stift

Ablauf:

– Stuhlkreis im verdunkelten Raum.

– Wir lassen ein selbstfahrendes, mit Lichtern und Geräuschen ausgestattetes Auto umherfahren. Das Auto wendet, wenn es an unsere Füße anstößt. Wir beobachten es.

– Wir stellen das Auto auf ein großes Blatt (ca. 2 m x 1 m) und setzen uns eng aneinander um das Blatt. Hinten am Auto wurde eine Drahtschlaufe befestigt, in die sich Filzstifte stecken lassen. Das Auto fährt nun, stößt dabei an unsere Füße an und malt dabei ein Bild. Wir wechseln die Farben.

– Wir schauen uns das Bild an und versuchen, im Klassenzimmer selbst solche Bilder zu malen.

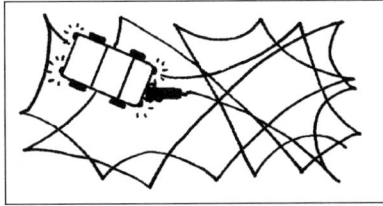

– Der Punktstrahler wird mit einer Schwarzlichtbirne versehen.

– Die Schüler lassen mit Leuchtfarbe versehene Autos eine schwarz angemalte Dachrinne einzeln hinunterfahren. Wo das Auto hält, legt der Schüler ein Stäbchen in derselben Farbe hin.

– Wir hängen ein Leintuch auf, dahinter steht der Tageslichtprojektor. Der Pädagoge legt eine vorbereitete Folie auf, die ein Dorf mit Straßen zeigt.

– Die Schüler dürfen verschiedene Strecken mit einem wasserlöslichen Filzstift auf der Folie „fahren". Wichtig ist es, innerhalb der Straße zu bleiben und rechts und links nicht zu berühren. Z.B. „Fahr doch bitte mal vom Parkplatz zur Burg".

13. Thema: Die Taschenlampe

a) *Medien:* Eine große Taschenlampe, mehrere kleine Taschenlampen, verschiedene reflektierende Gegenstände, Schnur mit Haken

Ablauf:

– Die Schüler sitzen im Dunkelraum auf dem Boden.
– Der Raum ist abgedunkelt, nur die Taschenlampe des Pädagogen leuchtet.
– An jeden Schüler wird eine Taschenlampe verteilt. Der Pädagoge schaltet seine Taschenlampe aus.
– Die Schüler dürfen ausgiebig ausprobieren.
– Auf Kommando machen alle Schüler ihre Taschenlampe an/aus.
– Wir halten die Taschenlampen unter unsere Hände.
– Die Schüler sollen eine bestimmte Stelle im Raum anleuchten. Z.B. Wand, Decke, Tür, Ecke.
– Die Schüler leuchten alle oder einzeln bestimmte Figuren nach, die der Pädagoge vorgibt. Z.B.

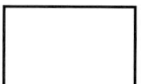   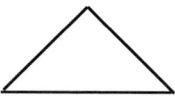

– Reflektierende Gegenstände (z.B. Glaskugel, Stern, Luftballon, mit Alufolie beklebte Artikel, Fahrradreflektoren, silberne oder goldene Verpackungen u.s.w.), die im Raum aufgehängt sind, sollen von den Schülern mit der Taschenlampe gesucht werden.

– Einzelne Gegenstände pendeln im Raum. Die Schüler versuchen, mit ihrem Lichtkegel am Gegenstand zu bleiben.

b) Medien: Diverse Geräuschgegenstände, Taschenlampen, Kassette, Kass.recorder, Schablonen

Ablauf:

– Die Schüler sitzen im abgedunkelten Raum mit Taschenlampen auf dem Boden.

– Die Schüler dürfen ausgiebig mit den Taschenlampen experimentieren.

– Die Schüler werden angewiesen, sehr still zu sein, denn irgendwo im Raum ist ein Gegenstand, der ein Geräusch von sich gibt.

– Die Schüler sollen den Gegenstand mit den Taschenlampen suchen. Möglichkeiten sind: Wecker, Kassettenrecorder, Radio, Geräuschdose, Lachsack, Spieluhr, Spielzeug mit Elektronicgeräuschen, Brummbär u.s.w. Es ist von Vorteil, unauffällige Gegenstände mit Alufolie zu überziehen.

– Der Pädagoge oder ein Schüler leuchten mit einer Taschenlampe, die einen größeren Lichtkegel hat als die anderen, an eine Stelle des Raumes.

– Die anderen Schüler versuchen, immer mit ihren Lichtkegeln beim „Führer" zu bleiben. Der „Führer" bewegt sich schnell/langsam im Raum (führen und folgen).

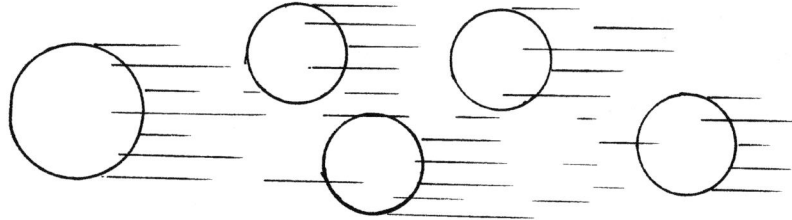

– Die Schüler bewegen ihre Taschenlampen zu ruhiger Musik.

– Die Schüler bewegen ihre Taschenlampen zu Discomusik und tanzen selbst dazu.

– Wir verfolgen leichte Gegenstände, die wir fallen lassen, mit den Taschenlampen (Watte, Blätter, Papierrosetten, Feder, bunte Seidentücher).

– Aus einer runden Pappscheibe, die genau auf das Glas der Taschenlampe paßt, kann eine Form geschnitten werden, die dann hinter
einem Leintuch sehr schön verdeutlicht werden kann.

14. Thema: Der Drehteller

a) Herstellung

Material: 1 Brett 60 x 14 x 2 cm, Sperrholzscheiben 5 mm: 3 x 17 cm Ø,
1 x 16 cm Ø, 2 x 5 cm Ø, 1 x 4 cm Ø, Hosengummi, Holzkleber, div. Unterlagscheiben, 2 Holzschrauben, 1 Rundholzstab
6,5 cm x 0,8 cm Ø, 1 Blumenuntersetzer ca. 26 cm Ø

Bauanleitung:
— Man stellt die erste Scheibe her, indem man 3 Scheiben miteinander
verleimt. In der Mitte entsteht eine Nut. Am Rand wird ein Loch gebohrt, welches den Rundholzstab aufnimmt.

— Das Gleiche wird mit den kleinen Scheiben getan. Eine Scheibe mit
17 cm Ø wird noch obenauf geleimt.

— Die Scheibe mit dem Rundholzstab (Drehgriff) mit 2 Unterlagscheiben
oben und unten auf eine Seite des Brettes schrauben.

— Die 2. Scheibe mit einem Blumenuntersetzer und auch 2 Unterlagscheiben auf die andere Seite des Brettes schrauben.

Seitenansicht ohne Gummiband

— Beide Scheiben mit einem gut gespannten Hosengummi verbinden.

— Dreht man nun an der Kurbel, rotiert die andere Scheibe sehr schnell.
Das Ganze kann man mit 2 Schraubzwingen am Tisch befestigen.

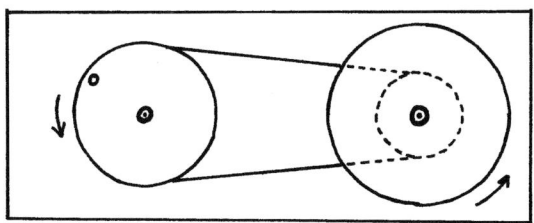

Draufsicht mit gespanntem Gummiband

b) Einsatzmöglichkeiten

Medien: Faserstifte, Papier, Folien, wasserfeste permanente Faserstifte, Wasserfarben, vorbereitete Schablonen,

Ablauf:

– In den Untersetzer wird eine passende Pappschablone gelegt, um beim Malen die Abstandsrillen des Untersetzers zu überdecken.

– Vorübungen im Klassenzimmer: Ein Schüler dreht den Drehteller, in dem ein rundes Papier liegt. Ein anderer Schüler hält verschiedene Faserstifte ans Papier.

– Die Schüler machen dieselbe Übung auf zugeschnittener Folie mit wasserfesten, permanenten Faserstiften.

Es ergeben sich meist sehr schöne Bilder, die wir mit dem Tageslichtprojektor anschauen können und später ans Fenster hängen.

– Wir tropfen Wasserfarben (Glasmalfarben/Folie) auf die rotierende Scheibe.

– Die Schüler fasziniert es immer wieder, die Scheibe zu bewegen, wenn sie einen Anreiz bietet. So kann man z.B. vorbereitete Scheiben einlegen, die mit Leuchtfarbe gemalt sind und mit Schwarzlicht angestrahlt werden.

– Ein Räucherstäbchen, an den Rand mit Klebestreifen befestigt, ergibt beim Drehen einen schönen leuchtenden Kreis.

– Eine Wunderkerze am Rand darf nur langsam gedreht werden.

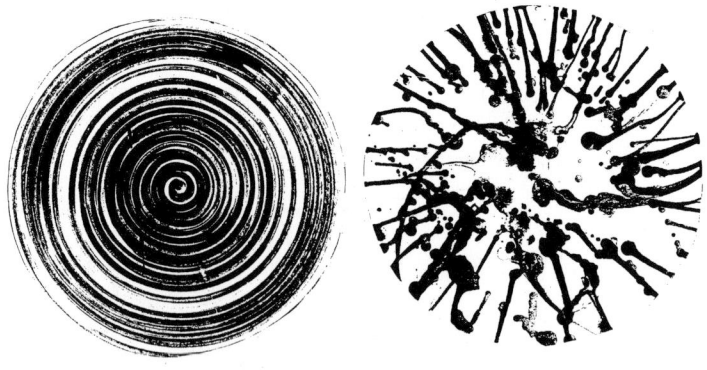

15. Thema: Der Leuchtkasten

a) Herstellung

Material: 1 Zigarrenkiste, einadriger Draht, 2 Fahrradbirnen, 2 kleine Scharniere, 1 Glasscheibe (Postkartengröße), 1 Druckschalter, 1 Klingelknopf, ca. 40 cm Leiste, 1 Flachbatterie, Lötzinn, evtl. Listklemmen.

Bauanleitung: Kistendeckel

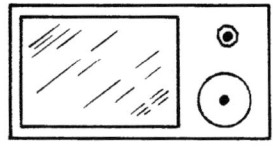

Kistendeckel

– In den Zigarrenkistendeckel seitlich ein Rechteck aufzeichnen und mit der Laubsäge aussägen (ca. Postkartengröße).

– Das ausgesägte Teil wird später mit zwei kleinen Scharnieren wieder befestigt.

– Eine Glasscheibe, die auf beiden Seiten ca. 1 cm größer ist, wird von innen aufgeklebt oder besser mit schmalen Leisten befestigt.

– In eine Leiste, die genau quer in den Kistendeckel paßt, werden 2 Löcher (9 mm) gebohrt, in die die beiden Fahrradbirnen eingeschraubt werden. Die Leiste in den Kistendeckel so einleimen, daß sie ca. 1 cm vom Glas entfernt ist.

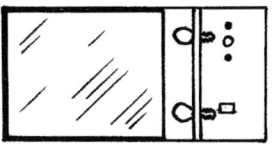

Schraublöcher

Loch für Draht

Druckschalter

Kistendeckel von innen

– In den Kistendeckel 2 Löcher für die beiden Druckschalter bohren und die Schalter einsetzen.

– Das Ganze mit Draht und Lötpunkten so verbinden, wie es die Zeichnung zeigt. Um ein problemloses Wechseln der Batterie zu gewährleisten, empfiehlt es sich, als Batterieanschluß zwei Listenklemmen zu verwenden.

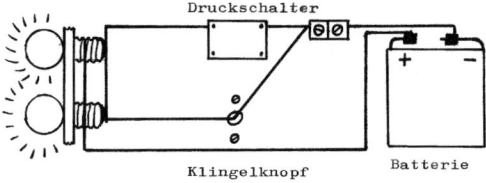

Druckschalter

Klingelknopf

Batterie

– Seitlich wird noch ein Schlitz eingesägt (Stichsäge), um Bilder einschieben zu können.

– Weitere Leisten können zur Batteriesicherung eingeleimt werden.

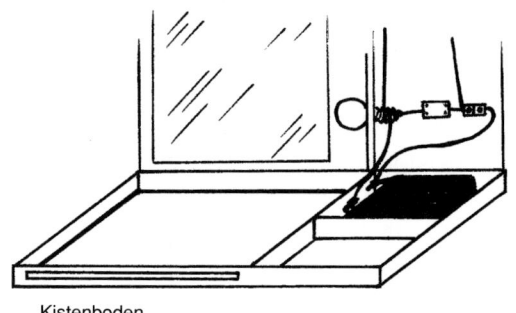

Kistenboden

b) Einsatzmöglichkeiten

Ich erspare mir an dieser Stelle eine Auflistung der Medien. Sie wäre zu umfangreich und für eine Unterrichtseinheit nicht zu gebrauchen.

Der Leuchtkasten erwies sich im Dunkelraum als ein Medium, das die Kinder sehr zum konzentrierten Hinschauen animiert.

Folgende Möglichkeiten wurden bisher mit Erfolg ausprobiert:

– Fotos und Zeichnungen anschauen und darüber sprechen.

– Farbiges Transparentpapier obenauflegen. Auch Mischungen sind möglich.

– Wir betrachten tote und lebendige Kleintiere.

– Buchstaben, Worte, Zahlen intensiv betrachten.

– Als Konzentrations- und Reaktionsübung werden kleinere Gegenstände mit dem Klingelknopf nur kurz belichtet. Wer erkennt und benennt den Gegenstand?

– Bildgeschichten betrachten und erzählen lassen.

– Die Kinder malen selbst kleine Geschichten und erzählen diese.

– Spiegel (Spiegelfolie) einlegen und sich betrachten.
– Materialien hineingeben, die nur zum Hinschauen motivieren, z.B. bunte Glasmurmeln, Alu- od. Reflexfolien, Schokoladengoldtaler, Muggelsteine, bunte Plastikperlen u.s.w.
– Geschichten erzählen. Auf den Kistenboden können Bilder als Hintergründe gelegt werden. Die Figuren werden durch den Schlitz geschoben und an Pappstreifen festgehalten.
– Schattenbilder erkennen. Auf die Glasscheibe wird eine ausgeschnittene Figur gelegt. Darüber ein weißes Transparentpapier.

– Eine Murmel durchläuft ein Labyrinth. Auf eine ausgeschnittene Pappunterlage werden Streichhölzer geklebt.

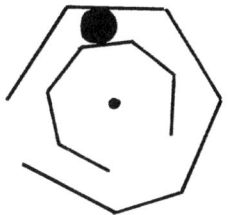

16. Thema: Das Episkop

a) Bau eines Episkopes (Bildwerfer für nichtdurchsichtige Bilder)

Material: 3 Holzbrettchen 180 x 300 mm, 1 Brettchen 200 x 300 mm (Rückwand), 1 Deckel 200 x 180 mm, 1 Boden 180 x 180 mm, 2 Scharniere, 1 Kunstoffrohr 150 x 50 mm, 2 Meniskenlinsen 45 mm Ø 2,5 Dioptrien (Optiker), 1 Spiegel ca. 9 x 15 cm, 1 leere Blechbüchse, ca. 1 mtr. 3-adriges Kabel mit Stecker und Zwischenschalter, 1 300 Watt Glühbirne mit Fassung E 27, 1 Illuminationsfassung, 1 Glasscheibe 16,5 x 13 cm, Leistenreste

Bauanleitung:
– Aus den Brettchen eine Kiste bauen (18 x 18 x 30 cm).

– In den Deckel Löcher für die Luftkühlung bohren und den Lichtausfall mit dem Blech einer Dose abdecken.

– Ein Loch in der Größe der Birnenfassung aussägen, die Fassung einsetzen und verschrauben. Später das Kabel an das Innengewinde anschließen und in die Fassung schrauben.

– In die Vorderwand ein Loch bohren, so daß das PVC-Rohr genau paßt. Das PVC-Rohr bei 8 cm absägen. Das aufnehmende Teil wird in das Loch eingepaßt. In das 8 cm-Stück werden die beiden Linsen mit Heißkleber (lt. Zeichnung) eingeklebt. Dieses Teil kann nun in der Fassung hin und her geschoben werden, bis das Bild scharf ist.

– In den Boden Löcher zur Luftkühlung bohren.

– In die Rückwand ein Fenster als Bildbühne 17 x 15 cm sägen. Mit Heißkleber oder Leistchen eine Glasscheibe einsetzen. Mit etwas Fantasie einen Schieber oder Klappe konstruieren, mit welcher das Bild festgehalten werden kann.

– Ein am Gehäuseboden geneigt angebrachter Spiegel gleicht die einseitige Beleuchtung des Bildfensters aus.

– Am Boden 4 Holzklötzchen als Standfüße aufleimen.

– In einem dunklen Raum ausprobieren. Wird die Lampe mitprojiziert, muß sie etwas höher geschraubt werden. Auch der Linsenabstand kann vor dem Einkleben ausprobiert werden.

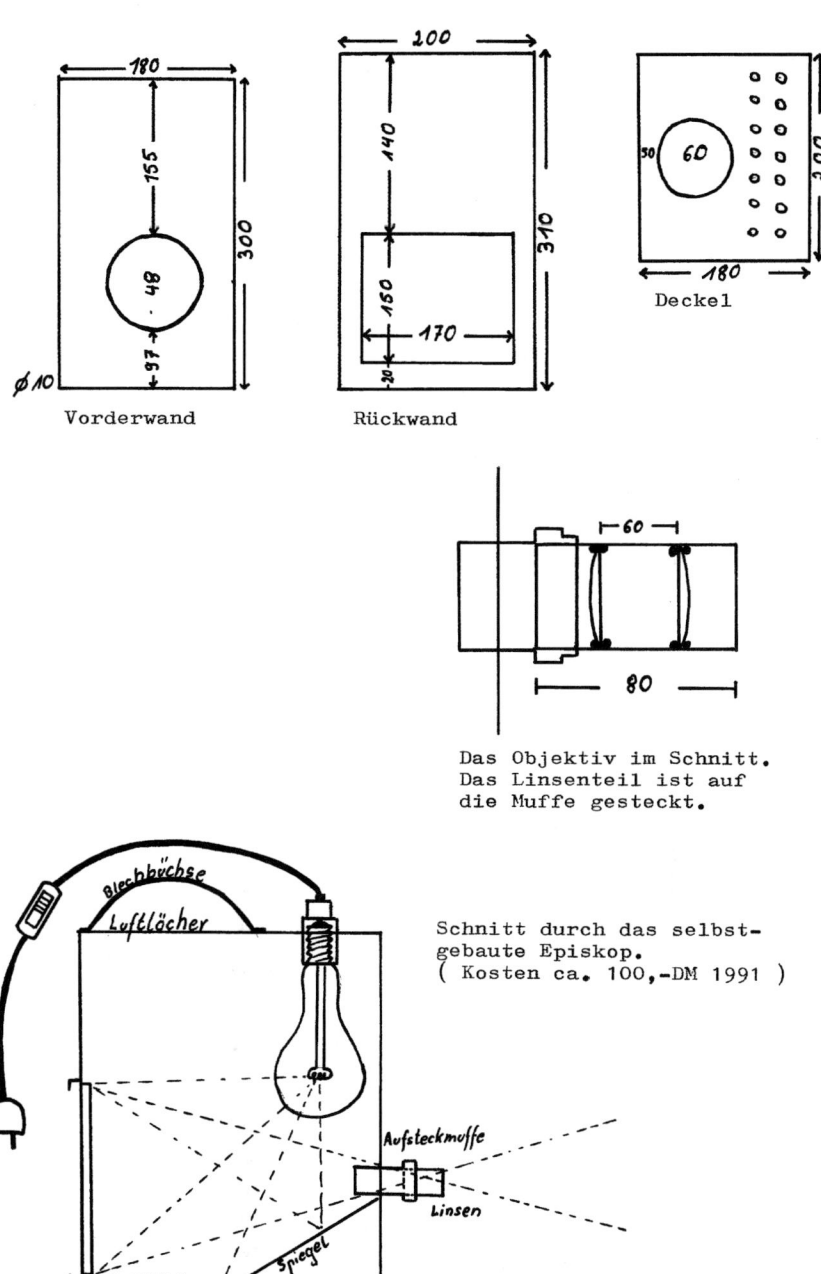

180

155

∅ 10

97

48

300

Vorderwand

200

140

150

20

170

310

Rückwand

50

60

200

180

Deckel

60

80

Das Objektiv im Schnitt.
Das Linsenteil ist auf
die Muffe gesteckt.

Schnitt durch das selbst-
gebaute Episkop.
(Kosten ca. 100,-DM 1991)

Blechbüchse

Luftlöcher

Aufsteckmuffe

Linsen

Spiegel

Luftlöcher

b) Verwendungsmöglichkeiten

Das Episkop ist ein Bilderwerfer, welcher undurchsichtige Bilder vergrößert an die Wand strahlen kann.

Der selbstgebaute Apparat bietet in ca. 2 m Entfernung recht gute Bilder.

Es ist erstaunlich, wir vielfältig die Möglichkeiten des Einsatzes dieses Gerätes sind. An dieser Stelle sollen nur einige der Möglichkeiten erwähnt werden.

Im Dunkelraum betrachten könnte man ...,
Fotos, Postkarten, Hände, Scherenschnitte, Blätter/Gräser, Stoffe aller Art, selbstgemalte Bilder, Bilder aus Zeitschriften, Bücher, Zeitungen, Geldscheine, Aufgabenbilder aus Rätselheften, farbige Blätter (Plakatkarton), Gehäkeltes, Bilder zum Abmalen, Etiketten von Lebensmitteln, Geschenkbänder, gepreßte Blumen, Federn, Briefmarken, Geschenkpapier, Rosetten, Collagen.

17. Thema: Wir spielen Schattentheater

Medien: Leintuch, Aufhängemöglichkeit, starke Lichtquelle

Je näher man sich am Leintuch bewegt, desto schärfer werden die Umrisse. Durch die Tiefenblindheit der Zuschauer sind viele lustige und interessante Effekte möglich.

Abläufe:

a) *Die Bauchoperation*

Auf zwei aufeinandergestellten Kastenteilen (Sport) liegt der Patient. Der Arzt schneidet mit einer großen Schere den Bauch auf und holt die unglaublichsten Sachen heraus. Die Teile liegen natürlich alle vor dem Kasten. Der Bauch wird zugenäht, der Patient bedankt sich und geht nach Hause.

b) *Der Zauberer*

Er verwandelt seinen Zauberstab in verschiedene Gegenstände, indem er z.B. eine ausgesägte Flasche, Tiere, Blumen u.s.w. immer zuerst mit der Schmalseite zum Leintuch hält und dann schnell zur Breitseite dreht.

Ein Tisch wird mit der Platte hochkant zum Leintuch gestellt. Aus einem Zylinder, der auf die Kante gestellt wird, zaubert der Magier die tollsten Gegenstände, die ihm ein Helfer von unten hoch reicht.

Genauso kann der Zauberer eine Blume aus einem Topf wachsen lassen.

Verschiedene Dinge, an einer Angelschnur aufgehängt, beginnen für den Zuschauer plötzlich zu schweben.

Ein Mitschüler kommt hinter das Leintuch. Der Zauberer hüllt den Schüler in seinen weiten Mantel (Bettlaken). Der Schüler setzt sich auf den Boden. Der Zauberer holt sich ein Kaninchen auf den Arm. Der arme Mitschüler ist in ein Tier verwandelt worden.

c) *Der stärkste Mann der Welt*
Er stellt sich nahe an das Leintuch und zeigt seine (ausgestopften) Muskeln. Er hebt die schwersten Gewichte (Pappschablonen) und zerreißt spielend (Papp-)Ketten. Er verschluckt ein Schwert, indem er es am Mund vorbeiführt und zerquetscht mit einer Hand einen (Lehm-, Teig-, Knetmasse-)Apfel. Auch kann er die dicksten Rohre (Plastik, Pappe, Tau, Rohrisolierung) verbiegen.

d) *Berufe erraten*
+ Der Schreiner schlägt Nägel in ein Brett und sägt Holz mit einem Fuchsschwanz ab. Er hobelt und schraubt.
+ Der Schuster nagelt Absätze auf die Schuhe und fädelt Schuhbänder ein. Auch putzt er die Schuhe.
+ Der Metzger zerlegt ein (Papier) Schwein mit dem großen Messer. Er macht Würste, indem er einen abgeschnittenen und wieder zusammengebundenen Kindernylonstrumpf mit etwas Sand füllt, zusammenbindet und wieder Sand einfüllt u.s.w.
+ Der Soldat marschiert mit einem Pappgewehr und exerziert.
+ Der Büroangestellte schreibt, locht, heftet ab, ißt, schläft ein.
+ Der Maurer setzt Steine aufeinander, hantiert mit einer Kelle, trinkt Bier, mißt mit dem Meterstab.
+ Der Gärtner topft eine Papierblume ein, stellt einen Blumenstrauß zusammen.
+ Der Arzt untersucht einen Mitschüler, gibt Tropfen, operiert, verbindet.

Ganz sicher sind die Möglichkeiten in diesem Bereich noch längst nicht ausgeschöpft.

e) *Spaziergang im Geisterwald*
An einer in Höhe des Leintuches gespannten Schnur können allerlei Dinge aufgehängt werden, z.B. Luftschlangen, Zweige, Seidentücher, Spitzenstoff, Partygirlanden u.s.w.

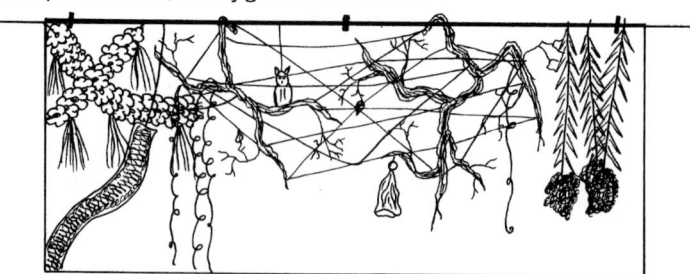

Im Geisterwald regnet es die verschiedensten Dinge, wie z.B. Konfetti, Verpackungsmaterial aller Art, Federn, Blätter, Gräser, Korken, Seifenblasen u.s.w.

Dazu können die schauerlichsten Geräusche gemacht werden und das Ganze mit dem Fön bewegt werden.

f) Der Fischer
Ein Tisch wird mit der Platte zum Leintuch aufgestellt. Eine Pappschablone, die Wasser symbolisiert, wird am oberen Rand befestigt. Hinter dem Tisch sitzt ein Helfer. Der Fischer steht auf einem Stuhl am Ufer und hält seine Angel ins Wasser. Der Helfer hängt allerlei Gegenstände an die Angel. Die Zuschauer sollen den baumelnden Gegenstand erraten. Sehr schön macht sich eine Kassettenaufnahme mit Wassergeräusch und Vogelgezwitscher dazu.

g) Der Kung-Fu Kämpfer
Er zerschlägt mit einem Handschlag die unmöglichsten Dinge, wie z.B. ein Brett (in Wirklichkeit zwei), das ein Lehrling vor ihn hinhebt oder einen Stein, der schwer hereingetragen wird (zwei genau gleiche kieselartige Styroporscheiben). Beim Auftreffen der Hand auf das Styropor schlägt der Helfer zwei Steine zusammen. Der Kung-Fu Kämpfer wirbelt auch wild hinter dem Leintuch (allein oder mit Gegner) und stößt dabei wilde Schreie aus.

h) Natürlich kann auch mit gekauften oder selbstgebastelten Figuren aus Naturmaterialien oder Pappe gespielt werden.
Ein Beispiel wäre das Spielen mit

i) Fingerfiguren
Aus schwarzem Zeichenkarton werden Figuren geschnitten. Als Hals haben sie einen Querstreifen, der um den Zeigefinger gelegt wird. Wird die Rundung um den Finger mit einem Klebestreifen befestigt, brauchen die Figuren immer nur auf den Finger gesteckt zu werden.

18. Thema: Gespenster - Hexen - Geisterspuk (= Angstbewältigung)

Wir gestalten ein Hörspiel oder machen einfach nur schaurige Geräusche. Im dämmrigen Raum nehmen wir das Ganze auf Kassette auf. Bei uns dienten die Geisterstimmen als Hintergrundgeräusch für unsere selbsthergestellten Dias. Diese wurden mit schwarzer Plakafarbe bemalt. Nach dem Trocknen der Glasscheibe können mit einem spitzen Gegenstand Bilder eingeritzt werden. Diese Tätigkeit erfordert allerdings eine gute Feinmotorik.

Hier einige Anregungen, um Geräusche zu erzeugen.

- In eine Flasche blasen.
- Mit Ketten und Schlüsseln rasseln.
- Ein biegsames Plastikrohr (Spielwaren) in der Luft drehen.
- Mit nassen Händen an einem aufgeblasenen Luftballon reiben (Türknarren).
- Mit Alufolie/Zeitungspapier rascheln.
- Eine größere Blechplatte zum Schwingen bringen.
- Topfdeckel aneinanderreiben.
- In ein großes Plastikrohr oder in Blechdosen wimmern.
- Über einen Weinglasrand mit dem nassen Finger fahren.
- An einer mit Gummiringen bezogenen Schachtel zupfen.
- Schauriges Lachen nachahmen.
- Den 12 Uhr Glockenschlag mit einer Triangel schlagen.
- Ein Vorhängeschloß auf/zuschließen.
- Auf einen aufgeblasenen Wasserball drücken (= Wind).
- Mit einer steingefüllten Büchse rasseln.

19. Thema: Blacklight

Dieses unsichtbare Licht läßt Gegenstände, welche mit Blacklightfarbe (Fachhandel) angemalt sind, hell aufleuchten. Vor allem die Farbe Weiß kommt unter Schwarzlichtbeleuchtung außergewöhnlich strahlend zur Geltung. Es gibt normale Glühbirnen (E 27), Blacklight-Spots und Blacklight-Neonröhren. Die Blacklight-Neon sind vorzuziehen, da sie gute Effekte zu einem vernünftigen Preis (ca. 90,— DM 1991 mit Fassung und Starter) gewährleisten. Ideal wäre die Möglichkeit der Höhenverstellbarkeit durch Zugschnüre.

Medien für Schwarzlichteffekte:

– *Leuchtschnüre* in verschiedenen Farben. Spannen, kleben, um einen Gegenstand legen, Formen legen, Farben üben u.v.m.

– *Tinte*, die erst unter Schwarzlicht sichtbar wird. Für Körperbemalungen, spezielle Markierungen, versch. Stempel (Tiere, Namen, Gegenstände), versch. Drucktechniken.

– *Schwarzlichtsprayfarben*. Für Gegenstände aller Art. Ratsam ist eine weiße Grundierung. Tolle Effekte bei Heulschläuchen, Windrädern, Spielzeugautos, Bällen und anderen Gegenständen, die sich bewegen lassen.

– *Schwarzlichtstäbe*. Sie glühen unter Einwirkung von Schwarzlicht. Sie sind leicht zu verbiegen, um Ringe, Zeichen, Blitze u.s.w. zu formen. Einfach mit dem Haarfön anwärmen. Zersägbar, um z.B. Größen zu demonstrieren. 6 mm Ø, 2 m Länge.

– *Unsichtbare Farben*. Sie werden erst unter Schwarzlicht sichtbar. Für Bemalungen aller Art.

– *Schwarzlichtfarben*. Wasserverdünnbar, in Rot, Blau, Grün, Orange, Weiß, Pink und Gelb.

– Leuchtklebeband gibt es leider derzeit nur in Rot. Es ist ca. 66 m lang.

– Neonstoffe und Teppiche. Die Muster scheinen zu glühen, wenn sie mit Schwarzlicht angestrahlt werden.

(aus Stiers, Innovationen im Raum, Licht & Ton, Liebigstr. 8, München 22)

20. Thema: Getreidekörner

Medien: Versch. Körner, farbige Prospekthüllen, doppelseitiges Klebeband, wasserfeste Faserstifte, Trichter, Löffel, kl. Getränkeflaschen, ca 10 cm lange durchsichtige Rohre, die genau in die Flaschen passen, Tortenbodendeckel, Sieb, Sand, Steine, Wasser, Uhu, DIN A 4 Overheadfolien.

Ablauf:

– Die Kinder sitzen vor dem Tageslichtprojektor mit dem Blick zur Leinwand.

– Wir schauen uns die verschiedenen Körner auf dem Tageslichtprojektor an, z.B. Getreide, Mais, Reis, Bohnen, Sonnenblumenkerne.

– Der Pädagoge hat ein Körnergemisch dabei, das aus 4 versch. Sorten besteht. Er schüttet es in die Mitte der Platte. Die Kinder haben die Aufgabe, in jeder Ecke der Glasplatte Körner zu sortieren.

– Wir betrachten Ähren von Gerste, Roggen, Hafer und Weizen auf dem Overheadprojektor.

– Körner mit Sand gemischt können durch Sieben in einen Fertigbodendeckel getrennt werden.

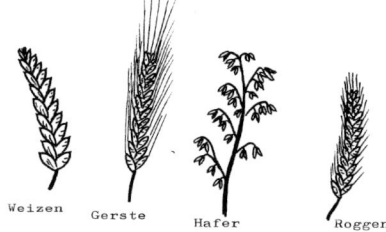

Weizen   Gerste   Hafer   Roggen

– Die Kinder sitzen um den Leuchttisch. In der Mitte steht eine Glasgetränkeflasche (0,33 l). Ein Kind setzt einen Trichter ein und füllt mit einem Löffel Getreide in die Flasche. (Wir ließen den Löffel reihum gehen.)

– Ein durchsichtiges Rohr (ca. 20 cm) wird mit Uhu oder Heißkleber bestrichen und in die Flasche eingesetzt. Auch die andere Seite wird mit Kleber bestrichen und eine zweite, leere Flasche aufgesteckt. So entstand unser einfaches Rieselspielzeug oder Getreideuhr.

– Doppelseitiges Klebeband, als Ähre ausgeschnitten und auf farbige Folie geklebt, wird mit Körnern bestreut. Mit wasserfestem Stift werden Halm und Blatt aufgemalt. = Fensterbild.

21. Thema: Leuchtbälle im Dunkelraum

Seit neuestem gibt es Plastikbälle auf dem Markt, welche im Dunkeln selbständig leuchten. Die Bälle sind allerdings bei Tageslicht betrachtet wenig ansprechend. Die mir bekannten Bälle haben ca. 8 cm Durchmesser. Sie hüpfen nur, wenn man sie kräftig auf einen harten Boden wirft. „Aufgeladen" wird der Ball im Tageslicht, am besten in der Sonne. Der Preis pro Ball liegt bei ungefähr 17,— DM (1991).

Hier nun einige Anregungen zum Gebrauch der Bälle im Dunkelraum:

– Die Kinder sitzen im Kreis auf dem Boden. Der Raum ist verdunkelt.

• Wir rollen uns einen (mehrere) Bälle gegenseitig zu.

• Wir werfen uns den Ball zu.

• Wir geben einen Ball von Hand zu Hand im Kreis weiter. (Mit Instrumenten einen Takt dazu schlagen).

• Wir malen mit dem Ball etwas in die Luft, die anderen raten. Z.B. Buchstaben, Zahlen, einfache Gegenstände, Richtungen anzeigen.

– Wir lassen die Bälle an einer schiefen Ebene hinunterrollen. Sehr gut eignet sich eine alte, schwarz angemalte Dachrinne.

• In welcher Stellung der Rinne rollt der Ball am weitesten?

• Wir versuchen, ein ebenfalls leuchtendes Ziel zu treffen, (z.B. Taschenlampe, 2. Leuchtball, mit Leucht-Fimo umwickelter Drahtbogen).

– Wer kann mit einem, zwei, mehreren Bällen jonglieren?

– Mehrere Bälle liegen verteilt auf dem Boden. Musik spielt. Die Kinder gehen vorsichtig im Raum um die Bälle herum, ohne die Bälle zu berühren.

– Flugplatzspiel: Die Bälle werden parallel zueinander in kurzen Abständen auf den Boden gelegt. Je nach Leistungsfähigkeit werden die Bälle weit, eng oder in Kurven gelegt. Die Kinder gehen einzeln durch den Parcours, ohne die Bälle zu berühren. Sie landen und starten mit namentlichem Aufruf.

Weitere Anregungen:

- Autobusspiel: Einer hebt 2 Bälle als Scheinwerfer vor sich hin. Die anderen Kinder bilden eine Schlange, indem sie sich an den Schultern heben. Der „Fahrer" führt die „Mitfahrer" durch den dunklen Raum. Bricht die Musik ab, übergibt der Erste die Bälle an den Zweiten und steigt hinten in den Bus ein. Der Zweite darf nun „Fahrer" spielen.

- Die Kinder halten ein Tuch im Kreis. Ein Leuchtball wird im Tuch bewegt. Er soll möglichst nicht herausfallen. Wir versuchen die Übung mit mehreren Bällen.

- Ein Ball wird im Raum aufgehängt. (Deckenhaken, Zitronennetz oder Schnur)

  • Den Ball wegstoßen und auffangen.

  • Den Ball kreisen lassen.

  • Den Ball hin- und herschaukeln lassen.

  • Mit dem Ball versuchen, einen 2. aufgehängten Ball zu treffen.

  • Mit dem Ball versuchen, einen Blechbüchsenturm umzuwerfen.

- Ein Kunststoffdrainagerohr (Abfälle von Baustellen) eignet sich sehr gut dafür, Leuchtbälle durchlaufen zu lassen. Das Rohr ist leicht und biegsam.

  • Das Rohr wird am unteren Ende auf einen Stuhl aufgelegt. Davor sitzt ein Kind. Der Pädagoge gibt einen Ball ins andere Rohrende. Das Kind soll versuchen, den Ball zu fangen.

- Halbiert man das Rohr mit einer Blechschere, kann man eine Riesenkugelbahn bauen, die sicher auch im Gruppenraum viel Interesse findet.

- Erleichternd für den Fänger wirkt sich der Umstand aus, daß der Ball durch das Rohr scheint.

– Eigene Ideen:

- ....

- ....

22. Thema: Leucht-Fimo

An dieser Stelle ist es nötig, einen Produktnamen zu verwenden, da es derzeit nur von dieser Firma eine Modelliermasse mit Leuchteigenschaften gibt. Die Masse kann ohne Härtung immer wieder verwendet werden. **Vorsicht:** Leucht-Fimo darf nicht verschluckt werden.

Welche Einsatzmöglichkeiten sind nun im Dunkelraum denkbar:

– Die Kinder sitzen bei Licht um einen Tisch. Jedes Kind bekommt einen Stein-Fimo, um ihn kräftig durchzukneten. Jedes Kind darf nun einen einfachen Gegenstand formen. Licht aus. Wir legen die Werke in die Tischmitte, betrachten sie und raten, was sie darstellen. Jeder sucht seinen Gegenstand und nimmt ihn wieder in die Hand. Das Formen kann auch unter ein bestimmtes Thema (Tiere, Obst, Pflanzen, Küchengeräte u.s.w.) gestellt werden. Schwerer behinderte Kinder machen Materialerfahrungen, indem sie die vorgeknetete Masse in die Hand nehmen und verformen oder darauf schlagen.

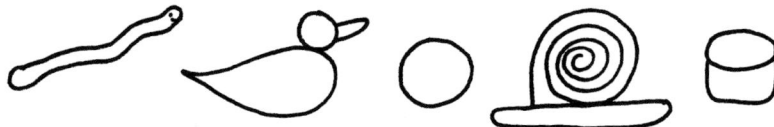

– Die Kinder formen aus ihrem Fimo eine Kugel. Wir lassen bei Dunkelheit die Kugeln eine schiefe Ebene hinunterrollen. Die Kugel kann nach jedem Durchgang verbessert werden. Wessen Kugel rollt weit hinaus?

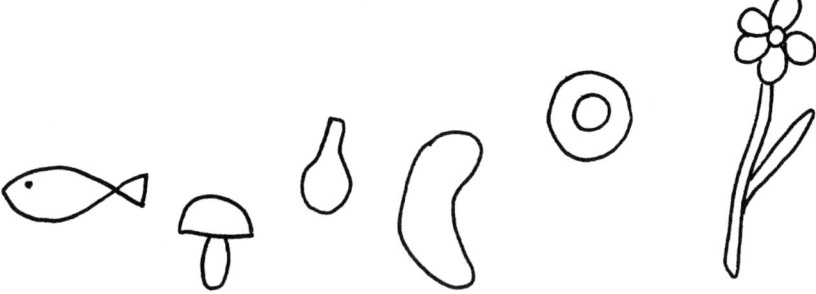

– Die Kinder sitzen um einen kleineren Tisch und gestalten zusammen eine Figur. Dabei kann das Leucht-Fimo ruhig nur eine effektvolle Nebenrolle spielen.

Wir gestalten z.B. aus Knetmasse einen Vulkan. Das Leucht-Fimo brachten die Kinder als Lava auf, welche den Berg hinunterläuft. Den Ausbruch des Vulkans simulierte bei Dunkelheit eine Wunderkerze.

– Wir sitzen im Stuhlkreis.

- Eine Leucht-Fimokugel wird im Dunkeln von Hand zu Hand weitergegeben.

- Ein Kind schließt hinter seinem Rücken ein Fimo-Stück so in seine Hand ein, daß möglichst nichts durchscheint. Die anderen raten, in welcher Hand sich das Fimo befindet.

- Die Kinder bekommen ein kleines Stück Fimo. Jeder soll sich einen Ring um den Finger formen.
  Die Kinder probieren aus, was man mit dem Leuchtring machen kann. (Verstecken/zeigen, in der Luft Kreise machen, Blitze in die Luft zeichnen u.v.m.)
  Wer namentlich aufgerufen wird, hebt die Ringhand.
  Wir machen eine „Laola", indem die Kinder nacheinander die Hand heben.
  Spiel: Ein Kind ruft einen Namen. Nur die beiden Nachbarn heben die Leuchtringhand. Nun darf der Angesprochene einen Namen nennen.

– Auf dem Boden stehen viele Blechbüchsen. Unter einer ist ein Fimo-Stück versteckt. Der Raum wird abgedunkelt. Die Büchsen müssen noch zu sehen sein. Reihum darf nun jedes Kind eine Büchse anheben. Wer findet das Leucht-Fimo?

– Die Kinder formen sich bei Licht einen Fingerkopf. Wir spielen im Dunkeln Theater (Geisterstunde).

23. Thema: Werkzeug

Medien: Hammer, Schraubendreher, Feile, Beißzange, Säge, versch. Folien und Dias, Kassette, Leintuch, Stammholzabschnitt, etwas Draht, Nägel, Schrauben.

a) Ablauf:
- Die Schüler sitzen vor der Leinwand. Der Diaprojektor und der Overheadprojektor sind beide auf die Leinwand ausgerichtet. Der Leuchttisch steht weiter entfernt an der Wand (oder kleiner Tisch, der mit einer Nachttischlampe beleuchtet werden kann). Auf dem Tisch liegt verschiedenes Werkzeug.

  Die Schüler bekommen nun ein Dia mit einem Werkzeugteil zu sehen. Dia aus. Einer geht zum Tisch und sucht sich das gesehene Werkzeugteil aus, um es auf den Overhead zu legen. Als Lernkontrolle können wir nun das Schattenbild mit dem Dia vergleichen. Overhead aus - Dia an und umgekehrt. Der Pädagoge oder Schüler bringt das Werkzeug wieder zurück zum Tisch.

  Je nach Leistungsfähigkeit der Schüler kann mehr Werkzeug angeboten werden und/oder das Dia kurzzeitiger gezeigt werden.

- Werkzeug kann auf Folie fotokopiert werden.
  - Folie zeigen, benennen lassen, über Funktion reden.
  - Teile des Bildes abdecken, wer erkennt als erster das Werkzeug? (Dalli-Klick-System)
  - Die Folie ganz nahe an den Overheadspiegel heben und langsam absenken. Verschwommenes wird langsam schärfer.
  - Konkretes Werkzeug soll ausgesucht werden und wie ein Puzzleteil auf die Folie gelegt werden.

- Das Blatt „Werkzeug-Sortiment" auf Folie kopieren.
  - Die Folie auf den Overhead legen und benennen bzw. zeigen lassen.
  - Einen Gegenstand abdecken - welcher fehlt?
  - Typische Arbeitsgeräusche werden von einer Kassette abgespielt. Die Schüler zeigen das betreffende Werkzeug.

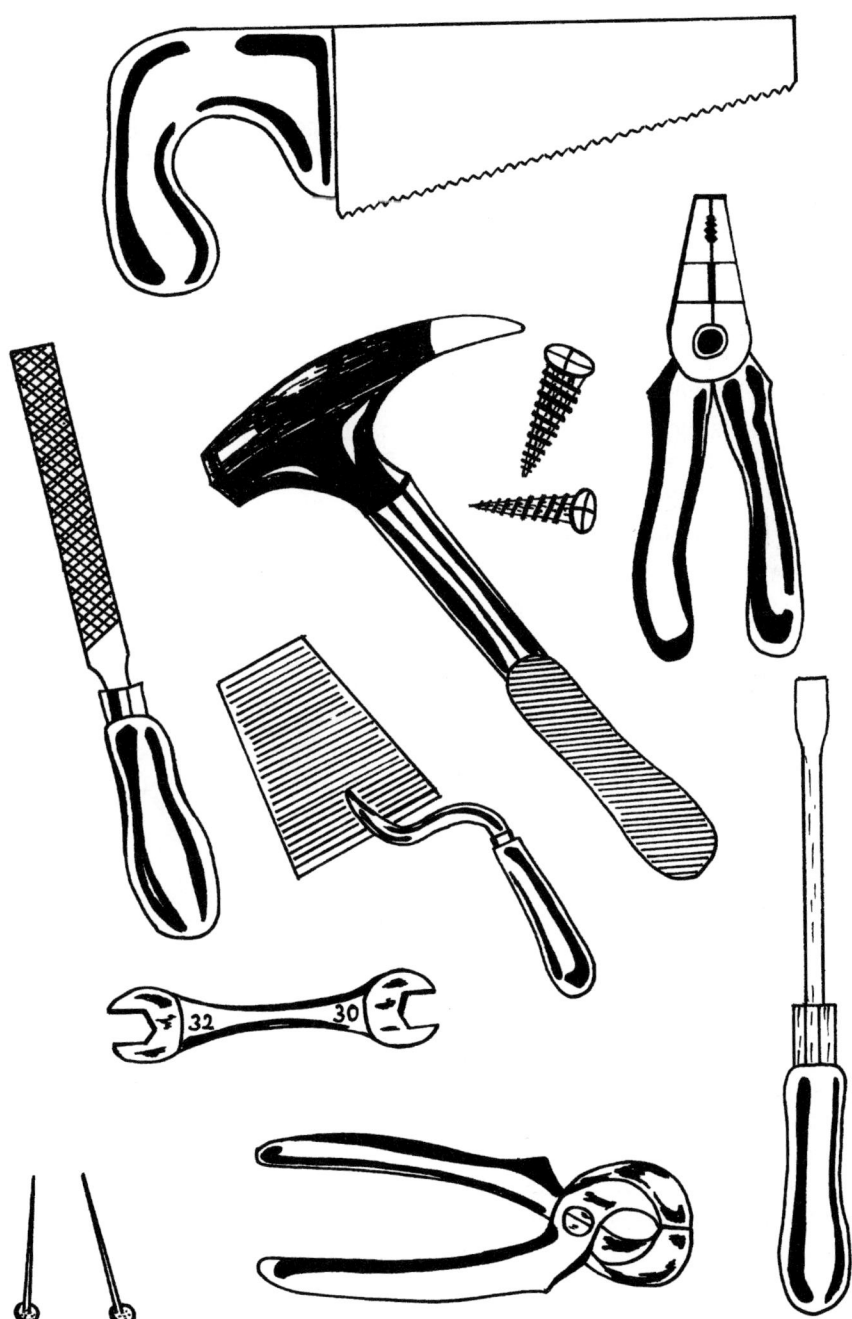

b) Ablauf:

– Die Schüler sitzen vor dem Leintuch. Hinter dem Leintuch steht ein schmaler Tisch und der Overheadprojektor. Werkzeug und Material wird auf einem Tisch oder Stuhl bereitgestellt. Overhead an. Ein Schüler darf sich nun ein Werkzeugteil nehmen und den Verwendungszweck am Material demonstrieren. Z.B.

• Der Hammer schlägt Nägel in einen Stammabschnitt oder zerschlägt einen Blumentopf.

• Die Feile feilt an einem Gasbetonstein oder am Holz.

• Die Säge sägt eine schmale Latte ab. (Mit einer Schraubzwinge am Tisch befestigen).

• Die Beißzange zieht Nägel aus dem Stammabschnitt oder zwickt einen Draht ab. (Später können die Drahtstücke in einen Ton- oder Fimoigel gesteckt werden).

• Der Schraubendreher dreht Schrauben in den Stammabschnitt u.s.w.

– Werkzeugteile können auf Papier fotokopiert werden.
Das Werkzeugteil ausschneiden und auf dem Overheadprojektor als Puzzle zusammensetzen lassen.

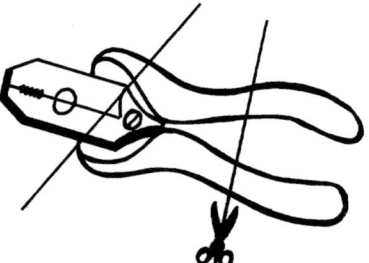

– Viele Schüler haben Probleme, Schrauben und Nägel zu unterscheiden.

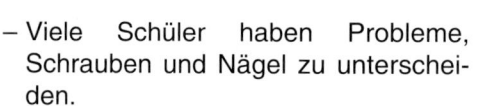

• Einzelne Schrauben und Nägel auf dem Overhead anschauen, auf Unterschiede aufmerksam machen.

• Mehrere Schrauben und Nägel auf dem Overhead mischen und sortieren lassen.

• Mehrere Schrauben oder Nägel in einer Reihe nach Größen sortieren.

– Schwierig aber nicht unlösbar ist die Aufgabe, den Schülern ein Werkzeug-Sortiment auf dem Boden vor der Leinwand auszulegen. Nun werden Dias von Gegenständen gezeigt, die gebaut oder repariert werden müssen. Welches Werkzeug braucht man/oder nicht? Z.B. Haus - Kelle/Auto - Schraubendreher/Garten - Spaten/Metallrohr - Eisensäge od. Feile/Wand - Pinsel u.s.w.

24. Thema: Die Glocke

Unter uns „guten" Pädagogen ist der Besitz einer schönen Handglocke eine Selbstverständlichkeit. Falls Sie noch keine von diesen messingglänzenden oder patinierten, mit Holz- oder Metallgriff versehenen Glocken Ihr eigen nennen, gebe ich Ihnen den Rat, es einmal auf einem Flohmarkt zu versuchen. Zwischen 10,- DM und 15,- DM bekommen Sie schon sehr schöne Stücke.

Grundsätzlich wird die Glocke den Kindern nicht zum Spiel überlassen. Ihr Geläut sollte sich als akustisches Zeichen nicht abnützen. Die Glocke soll auf etwas aufmerksam machen und motivieren. Natürlich kann man auch im Rahmen von Unterrichtsstunden die Glocke einsetzen.

Hier nun einige Möglichkeiten, wie die Glocke im Dunkelraum eingesetzt werden kann:

– Die Kinder sitzen im Stuhlkreis. Die Glocke wird im Kreis herum gegeben. Jeder darf ausprobieren.

– Schaffen wir es, die Glocke einmal im Kreis wandern zu lassen, ohne daß sie läutet?

– Jedes Kind versucht, die Glocke ganz leise läuten zu lassen.

– Schwierig ist es, die Kinder eine ganz bestimmte Anzahl von Schlägen (z.B. 4) läuten zu lassen.

– Ein Kind setzt sich mit seinem Stuhl in die Kreismitte. Es spielt einen Wachhund, der schläft. Unter den Stuhl wird die Glocke gestellt. Nun versucht ein anderes Kind, die Glocke zu stehlen. Sobald die Glocke läutet, bellt der Hund, und der Dieb gilt als gefangen. Sitzt der Dieb auf seinem Platz, ohne daß es geläutet hat, hat er gewonnen.

– Die Glocke wird an einen Stab mit einer Schnur gehängt (Angel). Auf dem Boden in der Kreismitte brennt ein Teelicht. Das Kind versucht nun, mit seiner Glockenangel die Kerze zu ersticken, indem es die Glocke vorsichtig über die Kerze senkt.

– Die Glocke wird in der Kreismitte an der Decke mit einer Schnur aufgehängt. Die Glocke hängt ungefähr in Kopfhöhe der Kinder. Der Reihe nach bekommt jedes Kind einen Holzklöppel. Licht aus. Das Kind versucht nun, mit dem Klöppel die Glocke anzuschlagen.

- Die Glocke hängt in der Mitte des Stuhlkreises an einer Schnur in Augenhöhe. Eine zweite Schnur hängt am selben Haken wie die Glocke. An diese binden Sie einen geeigneten Kieselstein so, daß er die Glocke treffen kann.

Die Kinder versuchen nun, mit dem Stein die Glocke zu treffen, indem sie ihn von einiger Entfernung auf den Glockenkörper zuschwingen lassen.

Sehr viel schwieriger wird die Übung, wenn die Glocke leicht angestoßen wird, so daß sie von rechts nach links zu schwingen beginnt.

- Die Glocke geht im Stuhlkreis reihum. Pädagoge oder Kind erzählt im Halbdunkel eine Lügengeschichte. Bei einer Lüge ertappt, läutet das Kind die Glocke und stellt richtig.

- In die Mitte des Stuhlkreises wird ein größerer Blumenuntersetzer gestellt. In den Untersetzer stellen Sie ein PVC-Rohr in einer Länge und Breite so, daß die Glocke mit dem Stiel voran eingesetzt werden kann. Nun wird der Glockenkörper ca. 3/4 mit Wasser aufgefüllt. Das Kind stellt sich genau über die angeleuchtete Glocke und versucht, eine bestimmte Anzahl von Murmeln in die Glocke fallen zu lassen. Das Wasser verhindert weitgehendst ein Herausspringen der Murmeln.

Erfolgswürfe sind akustisch gut hörbar.

- Ein Kind darf sich mit der Glocke verstecken. Ab und zu läutet es die Glocke. Die Kinder suchen nun im Dunkeln den Glockenläuter. Wer ihn gefunden hat, bleibt bei ihm stehen, bis alle Kinder zusammen sind. Dieses Spiel eignet sich auch als Abschluß. Der Pädagoge steht an der Tür und läutet so lange, bis alle Kinder bei ihm sind.

25. Thema: Der Müller, die Katze und der Bauer

Medien: Selbstgemalte Dias, Overheadprojektor, Schattenbilder

Die Geschichte:

Einmal brachte ein Bauer einen Sack Korn zur Mühle, um es mahlen zu lassen. „Laß dein Korn nur hier", sagte der Müller zu ihm. „Morgen kannst du das Mehl abholen." Der Bauer aber sprach: „Ich werde zuschauen und warten, denn ich habe keine Eile." Der Müller ärgerte sich, denn nun konnte er nicht mehr heimlich einen Teil des Korns für sich selbst mahlen. Listig sagte er: „Meine Katze kann Fische fangen." „Das glaube ich nicht!" rief der Bauer. „Es stimmt aber!" versicherte der Müller. „Ich werde es dir zeigen", meinte der Müller, klemmte die Katze, die friedlich in der Sonne gelegen hatte, unter den Arm und ging zum Mühlbach, wo er die Katze ans Ufer setzte. Der Bauer wartete ungeduldig ein paar Minuten lang, aber nichts geschah. „Sie kann gar nicht fischen", sagte der Bauer. „Wart' nur ab!" erwiderte der Müller. Der Müller aber lief, solange der Bauer die Katze anstarrte, schnell zur Mühle und fischte einen Teil des Korns beiseite. Nach langer Zeit war der Bauer das Warten leid. „Laß uns lieber das Korn mahlen! Sie fischt nicht!" meinte er zu dem inzwischen zurückgekommenen Müller. So gingen sie zur Mühle zurück.

Der Müller mahlte das Korn, und der Bauer paßte auf, daß nichts beiseite kam. „Merkwürdig, wie wenig Mehl aus meinem Korn geworden ist!" wunderte er sich nachher; aber er konnte dazu nichts sagen.

Der Müller sagte auch nichts, aber er wunderte sich nicht. Die Katze lag in der Sonne und schlief.

Ablauf:

– Den Kindern wird die Geschichte anhand von selbstgemalten Dias erzählt.

– Die Kinder sollen nun versuchen, allein oder zu zweien die Geschichte als Schattenspiel auf dem Overhead nachzulegen und zu erzählen.

– Schwächere Kinder sollen die einzelnen Figuren benennen oder zeigen. Es besteht auch die Möglichkeit, alle Figuren aufzulegen und die Geschichte zu erzählen.

Bauer

Müller

Vorschläge für Diamotive – Diarähmchen auflegen und abmalen.

26. Thema: Wurfübungen im Dunkelraum

Medien: 6 Büchsen, Tennisbälle, Absperrband, Brett, 4 Stühle, Kieselsteine, Waschbecken aus Plastik, Papierkorb, Lichterkette, Taschenlampe, Plastikbeutel mit Gummi, Marmeladenglasdeckel, Streichhölzer, Teelicht, Plastikbälle, evt. Leuchtbälle, Zeitungspapier, ausgeschnittener Schneemann, Schnur, Handglocke, Reifen, Tischtennisbälle, Streichhölzer, Dartpfeile und Scheibe, Kartenständer, Tesakrepp.

Ablauf:

– Die Hälfte des Raumes wird mit einer Schnur (besser ist Baustellenabsperrband) abgeteilt. In der einen Hälfte des Raumes sitzen die Kinder so, daß jeder schnell zur Abwurfgrenze (Absperrung) kommen kann.

– Büchsenwerfen: Zwei Stühle werden mit den Lehnen zueinander gestellt. Auf die Lehnen wird ein Brett gelegt. Sechs Büchsen werden zu einer Pyramide aufgestellt und mit einem Spot angeleuchtet. Die Kinder sollen nun versuchen, mit Tennisbällen möglichst viele Büchsen vom Brett zu werfen. Jedes Kind hat 4 Würfe frei.

– Eimerwerfen: Je nach Fähigkeiten der Kinder (bei heterogenen Gruppen) wird ein Papierkorb näher oder weiter vom Absperrband auf den Boden gestellt. Wir umwickelten den Papierkorb am oberen Rand mit einer Lichterkette, die wir mit Kreppband befestigten. Eine andere Möglichkeit ist, in den Papierkorb eine Leuchtstofflampe zu legen, wie sie bei Pannen benützt wird. Die Kinder versuchen nun, mit bunten Plastikbällen oder Tennisbällen (möglichst viele) in den Papierkorb zu treffen. Leuchtbälle eignen sich besonders für diese Übung.

– Pfützenwerfen: Eine mit Wasser gefüllte Spülschüssel wird auf den Boden gestellt. Im Wasser schwimmt ein Schifflein (weißer Deckel eines Marmeladenglases o.ä.). In dem Schifflein brennt ein Licht (Teelicht). Jedes Kind bekommt einzeln drei Kieselsteine. Die Kinder werfen nun die Steine ins Wasser. Wer schafft es, das Schiff zu versenken?

– Pfützenwerfen mit Schwimmbällen: Eine kleine Leuchtstofflampe (zum Kartenlesen) wird zusammen mit einem Stein in einen Gefrierbeutel gegeben und gut mit einem Gummi verschlossen.

Eine mit Wasser gefüllte Spülwanne wird auf den Boden gestellt. Die eingepackte Lampe (evtl auch Taschenlampe) wird leuchtend im Wasser versenkt.

Die Kinder versuchen nun, mit bunten Plastikbällen (aus dem Kugelbad) oder Tischtennisbällen die Wasseroberfläche zu treffen. Eine weitere Erschwernis ergibt sich, wenn der Ball vorher einmal auf dem Boden aufhüpfen muß, bevor er im Wasser schwimmt.

– Reifenwerfen: An eine an der Decke befestigten Schnur wird in Augenhöhe ein Holzreifen, ein Hula-Hoop-Reifen oder eine zu einem Reifen gebogene Weide aufgehängt. In der Mitte des Reifens zentriert wird an einer weiteren Schnur eine Handglocke gehängt.

Die Kinder versuchen, Tennisbälle durch den angeleuchteten Reifen zu werfen. Wer zusätzlich noch die Glocke trifft, darf sich „Schützenkönig(in)" nennen.

– An eine an der Decke befestigten Schnur wird ein aus Papier ausgeschnittener Schneemann aufgehängt. Das Aufhängeloch am Kopf (Hut) muß mit Lochverstärker verbessert werden. Der Schneemann wird angestrahlt. Die Kinder bekommen nun Zeitungspapier ausgeteilt. Dieses soll zu „Schneebällen" zusammengeknüllt werden.

Wer trifft den Schneemann? Wir werfen alle auf Kommando. Jeder wirft einzeln.

– Bunte Flaschen, deren Boden abgesprengt wurde (nicht einfach), werden auf brennende Teelichter gestellt.

Die Kinder versuchen, mit Pappringen über die Flaschen zu treffen.

– Dartspiel: Eine Dartscheibe wird an einen Kartenständer gehängt und angeleuchtet. Die Kinder werfen einzeln auf die Scheibe mit Pfeilen. Boden und Rückwand großzügig mit Pappe abdecken.

27. Thema: Hausmüll

– Dias einer Mülldeponie. Gespräche über Müllentstehung, Müllvermeidung, Wiederverwertbarkeit von Müll, Gefahren, die von Mülldeponien ausgehen.

– Folie „Was gehört in den Kompost?" auflegen.

Die Kinder sollen alle Materialien, die in den Kompost gehören, durch einen Pfeil zum Komposthaufen kennzeichnen. Alle anderen Müllteile werden mit einem wasserlöslichen Stift durchgestrichen.

– Viele kleine Tiere sorgen dafür, daß aus Kompostmaterial Erde wird. Wir schauen uns Kellerasseln, Ohrenkriecher, Würmer, Schnecken, Tausendfüßler, Ameisen, Käfer, Maden mit dem Overheadprojektor an, indem wir die Tiere in einer umgedrehten transparenten Tortenhaube krabbeln lassen.

– Folie: „Recyclingmaterial" auflegen.

Alle Materialien, die wiederverwertbar sind und deshalb gesammelt werden sollen, werden mit einem wasserlöslichen Stift eingekreist oder angemalt.

– Wir sitzen im Stuhlkreis. In der Mitte steht eine Schachtel mit wiederverwertbarem Müll.

•. Wir schauen gemeinsam die Einzelteile an und benennen sie.

• Licht aus - einer greift in die Schachtel und versucht, den Gegenstand zu benennen - Kontrolle durch Einschalten des Lichtes.

• Jedes Kind versucht, alles von einer Materialart herauszuholen.

• Das Kind holt etwas auf Anweisung heraus.

Blech   Papier   Alu-folie   Plastik   Glas

– Von jedem der Gegenstände liegt/steht ein Teil auf dem Leuchttisch. Was wurde bei Dunkelheit weggenommen? Was wechselte den Platz?

– Je 2 gleiche Teile sollen zu Paaren zusammengestellt werden. Schwieriger wird es bei gleicher Materialart, aber verschiedenen Formen.

Was gehört in den Kompost?

Dicke Äste

Holzasche

Steine

Plastik

Gartenabfälle

Papier in
großen Mengen

KOMPOST

Metalle

Kaffeesatz

Eier-
schalen

Glas

Küchen-
abfälle

Batterien

73

– Auf eine Folie mit verschieden großen Kreisen sollen die passenden Blechdosen gestellt werden.

Recyclingmaterial

– Erkennen und benennen der Müllteile.

– Was kann wiederverwertet werden?

– Was gehört auf den Kompost?

– Was kann im Müll bleiben?

28. Thema: Visuelle Stimulation für Kinder und Jugendliche mit schwerer geistiger und körperlicher Behinderung

Eine Beschreibung dieses Personenkreises wäre die von A. Fröhlich:

Schwerbehinderte sind Kinder, die absehbar nicht in der Lage sind, die vergleichbaren Leistungen eines gesunden Säuglings von sechs Monaten zu erreichen.

Meine langfristigen Zielsetzungen für diese Schüler sind:
- Abbau von Stereotypien
- Aufbau von Blickkontakten außerhalb der Stereotypie
- Abbau von Spannungen
- Aufbau eigener Aktivitäten.

Die Unterrichtseinheiten im Dunkelraum sollen diese Ziele unterstützen.

Basale Förderung sind alle Maßnahmen, die dazu dienen, den Schüler in grundlegenden Lernbereichen oder in frühester Entwickung vorwärts, aufwärts zu bringen.

Fördermöglichkeiten im Dunkelraum:

1. Im abgedunkelten Raum wird der Schüler mit der Taschenlampe, bei den Füßen beginnend, abgeleuchtet. Dabei wird der Strahl kurz über die Augen geleitet. Der Schüler wird ruhig angesprochen und seine Reaktionen beobachtet.

2. Der Schüler soll den angebotenen Reiz kurzzeitig fixieren. Dabei sollte der Reiz zunächst frontal, später auch seitlich angeboten werden. Ziel ist, daß der Schüler den angebotenen Reiz immer länger im Blick behält, sich ihm dann auch zuwendet.

3. Der Schüler sollte nun angeregt werden, den angebotenen Lichtreiz mit den Augen, dann dem Kopf und dem Körper zu folgen. Von rechts nach links, von oben nach unten, von nah und fern.

4. Angeboten werden unterschiedliche Formen, Farben, Muster mit Realgegenständen, Dias, Folien mit möglichst krassen Gegensätzen.

5. Natürlich soll der Schüler immer die Gelegenheit zum mehrkanaligen Lernen bekommen, indem er die Dinge (wenn möglich) in den Mund nimmt, beriecht, betastet u.s.w.

6. Der Schüler soll zum handelnden Umgang mit den Dingen angeregt werden. Die Auge-Hand-Koordination soll sich verbessern. Wenn

die Gegenstände (z.B. Taschenlampe) in der Mitte des Stuhlkreises an einer Schnur, etwas über der Kopfhöhe der Schüler aufgehängt werden, können sie sehr leicht von den Schülern betastet und bewegt werden. Vorsichtig sollte man allerdings mit schnell rotierenden Lichteffekten bei Anfallskindern sein.

Medienvorschläge für den Dunkelraum:

A. Selbstleuchtende Gegenstände zur visuellen Stimulation

- Wunderkerzen (Boden abdecken)
- Sonnenrad
- Light sticks (Notlicht für Bergsteiger. Einfach den Stab knicken, sofort fluoreszierendes Licht)
- Blitzlicht
- Nachtlicht
- Kerze, Öllämpchen
- Taschenlampe, Blinkpannenlampe
- Schattenspiele am Projektorlicht
- Dias (schwarz/weiß, bunt)
- Effektscheiben (runde, drehende Dias mit verschiedenen Motiven, z.B. Wolken, Ölfarben, Sterne, Genesis, Afrika u.s.w.)
- Leuchtglobus (anschauen, drehen lassen, verschiedene Muster aufkleben)
- Laternen mit verschiedenen Motiven und Mustern
- Wärmeschlange aus selbstleuchtender Folie (von unten mit dem Fön anblasen).

B. Anzuleuchtende Gegenstände zur visuellen und akustischen Stimulation

- Mobile aus Glitzerfolie
- Altmodischer goldener Wecker
- Spiegelkugel (Disco)
- Spiegel aller Art
- Schneekugel
- Zauberstab (Glitzerstab)

76

- Choralkreisel
- Seifenblasen (Die Flüssigkeit kann zusätzlich mit Duftstoffen angereichert werden).
- Bunte Plastikschiffe in einer mit Wasser gefüllten Schüssel
- Klingelball
- Lebensmittel (z.B. Obst anleuchten, betasten, riechen, essen)
- bunte Handspielpuppen
- Wasserspiele (Durch unterschiedliche spezifische Gewichte der Flüssigkeiten, bspw. Öl in Wasser, bilden sich Tropfen.)
- Farbenfenster (Hintereinander angeordnete Scheiben mit verschiedenen Farben)
- Windmühle (Die Windmühle läßt sich leicht selbst basteln. Mit einem Fön oder Ventilator anblasen.)
- Igelbälle und Igelringe
- Spieluhren
- Katzenaugen (Reflektorscheiben)
- Bunte Christbaumkugeln (Zur Weihnachtszeit gibt es eine Menge glitzerndes Dekorationsmaterial, das evtl., nach sorgfältiger Auswahl, Verwendung finden kann.)
- Die verschiedenen Gegenstände (z.B. Bälle) können mit Alufolie umwickelt werden.

C. Gegenstände, welche die Eigenaktivität des Schülers fördern können

- Kugelbahn
- Auto/Ball eine schiefe Ebene hinabfahren lassen (z.B. Dachrinne). Gegenstände mit der Taschenlampe verfolgen.
- Radkappenmobile (Schrottplatz) an Drähten so aufhängen, daß sie in Bewegung aneinanderschlagen
- Spielzeug mit Bewegungsmelder (im Handel sind z.B. Blumen und Geister) Gibt der Schüler ein Geräusch von sich, bewegt sich der Gegenstand.
- einfache Sortierübungen (nach Farben, Formen, Größen)
- Trockenduschen: aus farbigen Bastschnüren, aus in Streifen geschnittenen Plastiktüten, aus weiß/rotem Absperrband, aus Dekorati-

onslametta (PVC-Bleifrei, 48cm lang). Wird das Ganze am Aufhänge-
punkt beschwert (z.B. schwere Schraubenmutter), kann es leicht in
Bewegung gesetzt werden. Die Trockendusche kann mit dem Fön
von verschiedenen Seiten angeblasen werden, im Raum von rechts
nach links oder im Kreis schwingen. Der Schüler soll ausgiebig damit
spielen dürfen.

- Realgegenstände: Gleiches zusammensuchen, Gegenstand zum Bild
  zuordnen, auf verbale Aufforderung ergreifen, in einen Behälter legen, versteckte Gegenstände finden, nach Größen sortieren, nach
  Farben sortieren, damit spielen.

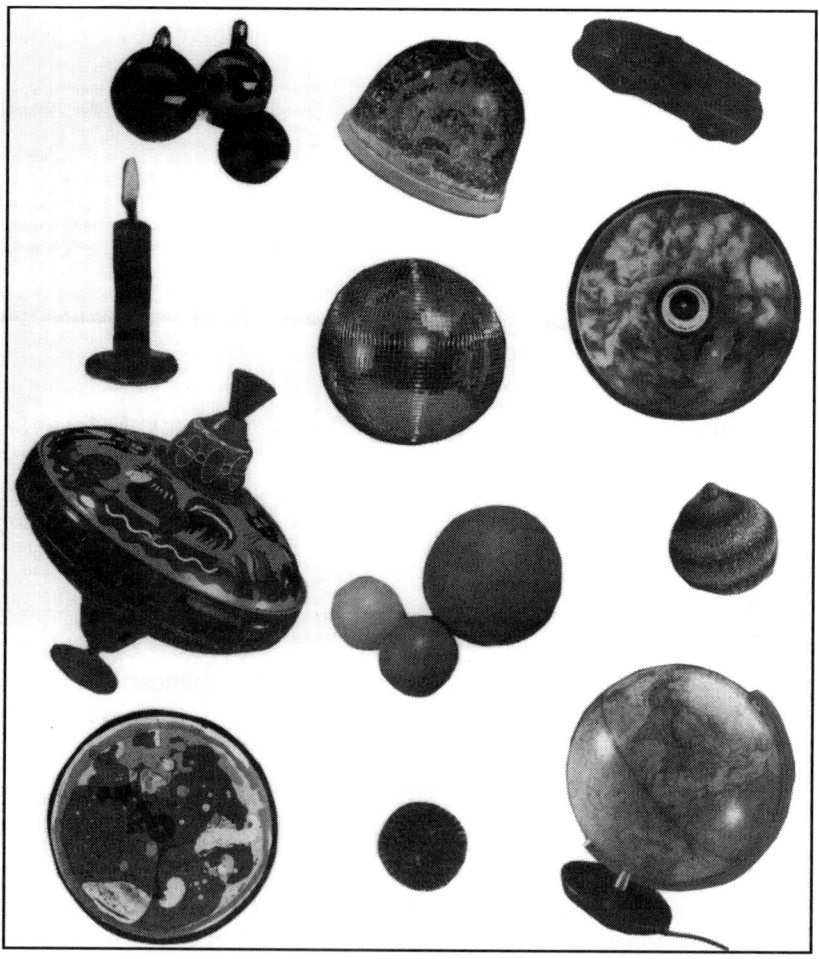

29. Thema: Haptische (taktile) und somatische Stimulation für Kinder und Jugendliche mit schwerer geistiger und körperlicher Behinderung

Der Dunkelraum bietet auch die Möglichkeit, Einzel- und Kleingruppenförderung im Bereich der Körperwahrnehmung durchzuführen.

Unsere Haut dient uns zum Schutz gegen die Umwelt, sie reguliert den Wasserhaushalt und kann Krankheitserreger abwehren.

Die Rezeptoren der Haut sind in der Lage, Temperatur-, Druck(Zug)- und Schmerzreize aufzunehmen. Die gesamte Körperoberfläche ist geeignet, wahrzunehmen.

Meine langfristigen Ziele sind:

- Entwicklung eines Gefühls für den eigenen Körper

- Erfahrung der Körperoberfläche als Abgrenzung und Kontaktfläche zur Umwelt

- Anregung des Schülers zu Bewegungskoordinationen.

Eine dämmrige, von visuellen und akustischen Ablenkungsreizen stark abgeschirmte Atmosphäre schafft die Voraussetzung dafür, daß sich der schwerbehinderte Schüler gut auf das Angebot konzentrieren kann.

Der Schüler wird während des Unterrichts ruhig angesprochen, evt. eignet sich dazu leise Musik.

Um eine Abnützung des Reizes zu vermeiden, wechselt man harte Materialien ungefähr alle 2-3 Minuten, weiche Materialien alle 5 Minuten.

Die Dauer der Stimulation richtet sich auch danach, ob der Schüler friert, jammert, sich verspannt oder ob sich Hautrötungen zeigen.

Medien mit Geräuschen (z.B. Vibratoren) werden vor der Stimulation dem Schüler gezeigt, vorgeführt und in die Hand gegeben, um Ängste zu vermeiden.

Auch zu zarte Berührungen können Fluchtreaktionen auslösen.

Begonnen wird mit der Stimulation an den Füßen bis zum Bauch aufwärts und von den Händen zur Brust.

Bei allen Medien, die sich zur Förderung der Körperwahrnehmung anbieten, soll nicht vergessen werden, den Körper des Kindes mit der

Hand zu streicheln und ihn an sich zu drücken. Denken Sie in diesem Zusammenhang daran, daß auch ein sexuell fähiger Mensch angeregt wird. Als Selbstschutz empfehle ich Ihnen deshalb, immer die Eltern zu informieren und nie mit dem Schüler allein die Stimulationen durchzuführen. Die Öffentlichkeit sollte gewährleistet sein.

Medienvorschläge zur Förderung der Körperwahrnehmung:

- Abfönen: von den Extremitäten zur Körpermitte, warm-kalt. Vorsicht im Gesicht!

- Leder-Wollhandschuh

- Luffahandschuh/Luffaschwamm

- Fellstücke/Stoffe (weich-hart)

- Vibrator/Massagegerät

- Creme/Hautöl (Konfetti oder Glitzer aufstreuen) Später mit warmem Wasser abwaschen.

- Federbusch (Haushaltswaren)

- Rasierschaum

- Schwämme

- Schwingschleifer ohne Schleifpapier. Erst zeigen, hantieren lassen. Nur kurz einschalten, Hand auflegen, Fingerspitzen auflegen, Körperteile (z.B Bauch) immer nur kurze Zeit massieren. Der Schwingschleifer ist völlig ungefährlich und kann durch die Kleidung eingesetzt werden. Leider ist er relativ laut.

- Warm/Kalterfahrung. Dinge können mit dem Fön angewärmt werden und mit Kühlakku, Kühlkugeln oder Eiswürfeln gekühlt werden.

- Moos. Gut eignet sich das Weißmoos (Ordenskissen), da es dichte Polster bildet und auch sehr viel Wasser aufnehmen kann. Zu finden ist es in besonders schlechten Waldböden. Besonders an Naturmaterialien kann der schwerbehinderte Schüler seine Umwelt erfahren. Sicher gibt es noch viel mehr Möglichkeiten.